Christoph Columbus

Von Paul Barz

Deutscher Taschenbuch Verlag

Weitere in der Reihe **dtv portrait** erschienene Titel
am Ende des Bandes

Originalausgabe
April 2006

www.dtv.de
Dieses Werk wurde vermittelt durch die
Literarische Agentur Thomas Schlück GmbH, 30827 Garbsen

Umschlagkonzept: Balk & Brumshagen
Umschlaggestaltung unter Verwendung eines Porträt-Gemäldes (1520)
von Ridolfo Ghirlandaio (akg-images)
Satz: Fabian Sulzer, Witten
Gesetzt aus der Palatino
Druck und Bindung: APPL, Wemding
Gedruckt auf säurefreiem, chlorfrei gebleichtem Papier
Printed in Germany
ISBN-13: 978-3-423-31083-3
ISBN-10: 3-423-31083-9

Inhalt

1 Christoph Columbus. Ölgemälde von Sebastiano del Piombo, 1519

Wann fängt die Neuzeit an?

Es war mittags gegen zwölf, als der breite Mann mit den auffallend tief liegenden Augen vortrat und ans Tor der Wittenberger Schlosskirche seine fünfundneunzig Thesen anschlug. Zunächst nur gegen den wuchernden Ablasshandel gerichtet und doch schon die Kampfansage an die herkömmliche Kirche, wie sie zuvor ein rundes Jahrtausend lang die abendländische Kultur geprägt und beherrscht hatte.

Der Mann aber, studierter Theologe und Inhaber des theologischen Lehrstuhls der Universität Wittenberg, war Doktor Martin Luther, man schrieb den 31. Oktober 1517, und mit diesem Tag, war später in manchen Geschichtsbüchern zu lesen, fing die Neuzeit an.

Völlig falsch! protestierten da gleich andere. Von einer neuen Zeit im Gegensatz zum vergehenden Mittelalter konnte schon gesprochen werden, als sich Wissen nicht nur im Besitz schreib- und lesekundiger Mönche befand, sondern für alle Menschen gleichermaßen zugänglich wurde. Das wiederum war spätestens mit der Einführung des Buchdrucks der Fall, mit jenen beweglichen, aus Blei gegossenen Lettern, wie sie zu Mainz bereits 1445 ein gewisser Johannes Gensfleisch, genannt Gutenberg, entwickelt hatte.

Dieser Gutenberg also – und nicht erst Luther – war der wahre Vater einer Neuzeit, die zugleich ein Zeitalter neuer Medien werden sollte.

Auch nicht richtig, korrigierten wiederum Dritte und hoben den Blick von der Karl-Marx-Lektüre, Geschichte ist allemal Wirtschaftsgeschichte, und die wurde erst mit den großen Geldmanövern im 16. Jahrhundert wirklich »neuzeitlich«, mit den Geschäften eines Jakob Fugger zum Beispiel, der ganze Kaiserwahlen finanzierte. Und wenigstens so wichtig wie Thesenanschlag und Buchdruck wurde Fuggers Einführung der aus Oberitalien übernommenen Doppelten Buchführung.

Luther und Gutenberg und Fugger. Drei Väter der Moderne. Noch weitere ließen sich hinzustellen, der Nürnberger Martin Behaim, der 1492, im Jahr der Entdeckung Amerikas, den allerersten Globus konstruieren ließ, oder jener Mönch Berthold aus dem breisgauischen Freiburg, »der Schwarze« genannt, der bereits im 14. Jahrhundert das »Schwarz«- oder Schießpulver erfand, sofern es nicht schon lange vor ihm die Chinesen erfunden hatten. Doch was hätten die Chinesen nicht schon lange vor allen anderen erfunden?

Papier, den Kompass, Banknoten, das U-Boot wahrscheinlich, den Wetterhahn, und nach Amerika dürften sie auch als Erste gesegelt sein, lange vor Columbus. Womit der Name jenes Mannes gefallen ist, dessen Entdeckung Amerikas ohne jeden Zweifel eine sehr neue, andere Zeit eingeläutet hat.

Auch er also, der Seemann aus Italien, ein Vater der Moderne. Der vielleicht berühmteste sogar. Doch hätte es wahrhaft prophetische Gaben verlangt, eben dies in jenem leicht verbittert dreinblickenden Mann zu erkennen, der dort im Sommer 1485, einen halbwüchsigen Knaben an der Hand, per Schiff auf dem Weg von Portugal nach Spanien war, der wichtigsten Station seines Lebens entgegen.

Er war nicht mehr jung, schon in den Dreißig, das Haar bereits eisgrau. Verwitwet, alleinerziehend, hinter sich die erste ganz große Enttäuschung seines Lebens.

> Manchmal weiß die Menschheit besser als ihre Führer, wohin der Weg geht. Auf deine Person kommt es nicht an. Dein schmerzgepeinigter Körper wurde zur Brücke, die Europa und Amerika verband. Amerika, das zu suchen war, entdecktest du nicht. Du entdecktest die Indischen Lande, die es doch nur in deiner Phantasie gab. Mit Gewalt wolltest du das für dich genießen, woran du allein glaubtest. Deshalb wurde dir die Kenntnis von dem, was du in Wirklichkeit vollbrachtest, versagt, und der Kontinent trägt deinen Namen nicht.
>
> *Salvador de Madariaga, Columbus, 1939*

In Portugal hatte man von all seinen Plänen und Gedanken nicht viel hören wollen. Spinner und Hasardeure liefen dort zuhauf herum, und warum gerade ihm, dem Fremdling, mehr Vertrauen schenken als irgendwelchen anderen? Dafür sollte sich nun in Spanien sein Traum erfüllen.

Denn von dort startet er sieben Jahre später hinaus aufs Meer, hinter dem Horizont einen neuen Kontinent zu entdecken, und damit also, in diesem Jahr 1492, fing die Neuzeit so richtig an. An diesem 12. Oktober, als an Bord der kleinen Columbus-Flotte der innig ersehnte, kaum noch erwartete Ruf »Tierra, Tierra!« (Land in Sicht!) ertönte.

Zweifel bleiben.

Denn kein Beginn eines Zeitalters kann auf den einen Tag oder Mann oder das eine Ereignis festgelegt werden. Sehr sachte pflegt so etwas einzusetzen, mit ganz feinen Rissen im eben noch so unerschütterlichen Weltgebilde. So auch damals im Mittelalter, das sich bis dahin wie eine eiserne Kuppel über das menschliche Dasein gestülpt hatte.

Festgefügt schien dort noch alles, prächtig übersichtlich und ohne allen Widerspruch, da doch die Welt, wie sie war, von Gott gewollt war, so und nicht anders. Und wie es denn nun zu sein hatte zu Gottes höherer Ehre, legten Kirche und Glauben fest, oben und unten, Hölle und Himmel, Segen und Strafe. Der mittelalterliche Mensch musste keine Fragen stellen. Die Antwort auf alles lag fest.

Dennoch: War es denn wirklich so? Die Erde eine Scheibe, die irdische Welt absoluter Mittelpunkt der Schöpfung, um den sich alles andere, Sonne wie Sterne, drehte?

Kleines Kopfschütteln. Die Zweifel wuchsen. Dunkle Ahnungen breiteten sich aus, den heutigen Vermutungen vergleichbar, im All dort draußen dürfte es noch andere Kulturen als die menschliche geben. So weit ging das späte Mittelalter noch nicht.

Noch wurde nicht ins All geblickt, wohl aber hinaus aufs Meer, das zu ähnlich utopischen Vermutungen her-

2 Ptolemäus. Ölgemälde von Justus von Gent, um 1476

ausforderte wie heute der Weltraum. Dahinter, vielleicht, könnten ferne Länder liegen, fremde Völker leben, die zu eigenem Ruhm und Reichtum nur noch unterworfen werden mussten. Und zugleich dürfte sich kleiner Trotz geregt haben.

War denn wirklich, wie die Kirche lehrte, alles Wissen der Antike nur Teufelswerk und blankes Heidentum gewesen? Hatten Männer wie Aristoteles oder Eratosthenes oder Plinius in ihren Gedanken und Schriften so Unrecht? Das können doch nicht alles nur Dummköpfe gewesen sein …

Claudius Ptolemäus (um 100 – nach 160), in Alexandria zu Hause, der letzte große Naturwissenschaftler der Antike, entwarf in einem dreizehnbändigen mathematisch-astronomischen Werk, dem ›Almagest‹ das »ptolemäische Weltbild« mit der Erdkugel im Mittelpunkt, um die Sonne, Mond und Planeten kreisten. Erst Nikolaus Kopernikus (1473–1543) setzte im 16. Jahrhundert diesem geozentrischen sein heliozentrisches Weltbild entgegen.

Diese Männer, wie viele ihrer Landsleute, hatten aufs Meer hinausgeschaut, hatten dort erst die Mastspitzen eines Schiffes, danach erst die Masten, schließlich das Schiff selbst hinter dem Horizont auftauchen gesehen und daraus ihre Schlüsse gezogen, wie im 1. Jahrhundert nach Christus der im ägyptischen Alexandria beheimatete Claudius Ptolemäus. Er hatte möglicherweise mit seinem Weltbild Recht, wonach die Erde keine Scheibe, sondern eine Kugel war, wie zuvor schon der Philosoph Platon gemeint hatte.

Man grub jetzt nicht nur die Kunstwerke des heidnischen Altertums aus, entdeckte dessen Menschenbild neu, erfreute sich an dessen unbekümmerter Nacktheit, statt vor ihr das Kreuz zu schlagen. Man nahm nun auch wieder seine Erkenntnisse zu Welt und Sternen ernst. Und damit, mit dieser »Renaissance«, der Wiedergeburt alter Zeiten im neuen Geist, fing die eigentliche Neuzeit an.

Sie war zunächst so anders nicht als die Jahrhunderte zuvor. Krieg und Grausamkeiten beherrschten weiterhin das Weltgeschehen, die Scheiterhaufen der Hexenverfolgung flackerten, die Pest wütete und entvölkerte ganze Landstriche. Aber der Mensch nahm das nun nicht mehr in gottergebener Schicksalsgläubigkeit hin. Irgendwo fühlte er ein dumpfes Sehnen, wenn er sich so umsah in Got-

Obgleich ein französisches Wort, gingen die wesentlichen Impulse der **Renaissance** (Wiedergeburt) als großer Übergang zwischen Mittelalter und Neuzeit von Italien aus, wo man sich schon im 13. Jahrhundert unter dem Stauferkaiser Friedrich II. auf die Antike zurückbesonnen hatte. Hochblüte waren dann das 15. und das 16. Jahrhundert, worauf sich auch der Begriff der »Renaissancenatur« bezieht, eines seine Sinne und Fähigkeiten voll und wertfrei auslebenden Menschen, wozu auch Gewalt und exzessives Laster gehören konnten (Paradebeispiel und Idol des Staatsphilosophen Niccolò Machiavelli: Cesare Borgia, Sohn Papst Alexanders VI.).

tes chaotischer Natur: Dies hier mit seinem Blut und allen Schrecken – das kann doch nicht alles sein. Dort hinter den Horizonten muss es ein besseres, anderes Dasein geben.

Darüber wird der neue Menschentyp geboren. Und der entdeckt gleichsam seine Welt ein zweites Mal, macht sie sich ein weiteres Mal untertan.

Das Meer wird dafür das Schlachtfeld. Kein Zufall also, dass die ersten Weltmächte der neuen Zeit Seefahrerstaaten waren, Spanien zunächst, dann England. Und Portugal setzte gleichsam den Anfang, ein Land wie erschaffen für Entdeckungsfahrten über den Ozean.

Hingedrückt an die Westküste der iberischen Halbinsel. Mit dem Meer als ständig präsentem Nachbarn, der ständigen Verlockung und immerwährenden Herausforderung. Und von den muselmanischen Mauren zweihundert Jahre früher befreit als der spanische Nachbar.

Der war um die Mitte des 15. Jahrhunderts noch voll in die Kämpfe der Reconquista, der christlichen Rückeroberung des Landes, verstrickt. Den Portugiesen blieb hingegen schon Zeit und Atem für andere Dinge. Und sie standen an den Stränden ihrer Heimat. Sie sahen draußen auf den Inseln, wie das Meer allerlei herantrieb, Waffen und Gerätschaften und einmal etwas, das wie ein Boot aussah.

Portugal, die erste große Seefahrernation, Kolonialmacht und lange Zeit führend auf den Weltmeeren, hatte sich 1340 der letzten maurischen Invasion erwehren können und trotz schwerer Verwüstungen in den Kriegen um die kastilische Krone zunehmend an Selbstständigkeit gewonnen. Sein Herrscher João (Johann) I. (1385–1433), Erster der Dynastie Avis, behauptete sich im Bund mit England gegen Kastilien und sicherte damit die Unabhängigkeit Portugals. 1415 wurde der marokkanische Handelsplatz Ceuta erobert, ein Schlüssel für die außereuropäische Expansion, die dann vor allem unter Heinrich dem Seefahrer einsetzte.

3 Heinrich der Seefahrer. Ausschnitt aus der linken Mitteltafel des »Vinzenz-Altars« von Nuno Goncalves, 1465–1467

Wer aber, um Himmels willen, fuhr so was und wo? Dort irgendwo hinter den Wellen des Ozeans? Und da ja, davon war man längst überzeugt, die Erde keine Scheibe, sondern eine Kugel war, müsste man übers Meer eben dorthin gelangen können.

Dann also vorwärts! Sturm auf neue Küsten! Aufbruch in die Ferne! Der Mensch stieß die Fenster auf zu einer neuen Wirklichkeit.

Einer gab diesem Drang Methode. Prinz Heinrich (1394–1460), vierter Sohn des ersten unabhängigen portugiesischen Herrschers Johann (oder João) I., »Heinrich der Seefahrer« genannt, obwohl er selbst nie zur See gefahren war. Aber er schuf an der Algarve eine erste Seefahrerschule, initiierte immer neue Entdeckungsfahrten, mal zu den Azoren, die er 1425 vergeblich zu erobern versuchte, mal an die afrikanische Küste. Er zog Gelehrte aller Nationen heran und richtete an der Universität Lissabon Lehrstühle für Mathematik, Geometrie und Astronomie ein, ein großer Anreger und Organisator, der sein Land auf diese Weise zur allerersten See- und Kolonialmacht machte, rund ein halbes Jahrhundert vor Portugals ewigem Rivalen Spanien.

4 Marco Polo. Holzschnitt aus einer mittelhochdeutschen Übersetzung seiner Reisebeschreibung (sog. Gutenberg-Ausgabe), Nürnberg 1477

Schon war um 1482 die Mündung des Kongo erreicht, wurde um 1487/88 das Kap der Guten Hoffnung umsegelt. Das war also Afrika, reich an Gold und Sklaven, ein sehr lohnendes Geschäft, Portugal hielt darin das Monopol. Aber es musste noch andere, noch ergiebigere Gefilde geben.

Viele meinten das, nicht nur in Portugal. Sie griffen zu Büchern und lasen nach, was sich so alles hinter den Meeren verbergen konnte. Ein Buch verschlangen sie vor allem, das um diese Zeit meistgelesene gleich nach der Bibel. Von einem Venezianer stammte es, Marco Polo hieß er und hatte als Siebzehnjähriger den Vater und einen Onkel 1271 bis nach Peking ins Reich des legendären Kublai Khan begleitet. Er blieb zwanzig Jahre am Hof des chinesischen Großkhans, war sein Gouverneur und Abgesandter. 1292 kehrte er über Indien, Ceylon, Persien und Kleinasien nach Europa zurück. Seine Erzählungen stießen zunächst auf Unglauben. (Und noch heute ist ihre Authentizität umstritten. Dietmar Henze spricht vom »kolossalsten Schwindel der Entdeckungsgeschichte«.)

Alles Geschwätz, lachten seine Zeitgenossen, er selbst nur ein Prahlhans und Aufschneider! Der »Marco Millione« und passionierte Lügenbold, der vermutlich einen Khan noch nicht mal aus der Ferne gesehen hatte. Und was der so erzählte! Von schwarzen Steinen, mit denen sich Öfen heizen ließen, und von der Stadt Quinsay, der »Himmelstadt« mit zwölftausend Brücken, zigmal so viel wie in Venedig, und von jenem Land Zipangu, das später einmal Japan heißen sollte und wo Palastdächer mit Gold bedeckt waren, da man dort kaum noch wusste wohin mit all dem edlen Metall …

Wundersame Geschichten. Schön zu erzählen, aber nicht recht zu glauben. Doch dann lagen seine Berichte schriftlich vor, der in Kriegsgefangenschaft geratene Marco Polo hatte sie hinter Kerkermauern einem Schicksalsgenossen diktiert. Die Mienen wurden immer nachdenklicher.

Vielleicht war das alles doch nicht Lüge. Vielleicht war im Osten die Welt wirklich so, voller Wunder und Herrlichkeit. Und wenn man sich nun selbst davon überzeugte, selber nach Peking reiste oder wenigstens nach Indien oder …

Marco Polo hatte noch den Landweg gewählt. Wie aber, wenn man nun den Seeweg nahm? Holde Träume! Unverwirklichbar! Und die Menschen seufzten sehnsuchtsvoll. Sie legten das Buch weg, sie träumten von der Fer-

In der Stadt Kambalu befindet sich die Münze des Großkhans, von dem man in Wahrheit sagen kann, dass er das Geheimnis der Alchemisten besitzt, da er die Kunst versteht, Geld auf folgende Weise zu verfertigen. Er lässt die Rinde von Maulbeerbäumen abstreifen … Daraus wird das Papier gemacht … Ist dieses fertig, wird es in Geldstücke von verschiedener Größe zerschnitten … schließlich taucht der oberste Münzmeister das ihm anvertraute Siegel in Zinnober und stempelt damit das Stück Papier; so erhält es volle Kraft als gültige Münze.

Aus den Berichten Marco Polos (nach H. Lemke)

5 Das Wappen von Columbus. Holzstich, um 1890

ne, wo es braune oder gelbe Menschen gab und köstliche Gewürze und funkelnde Juwelen und Gold natürlich, sehr viel Gold, immer wichtiger in einer Zeit der immer intensiveren Geldwirtschaft. Wie nur diesen Weg finden?

Womit wir wieder bei Columbus wären. Auch er kannte seinen Marco Polo und manches andere dazu. Auch er, wie alle, dürfte ins Träumen geraten sein. Aber anders als die meisten beließ er es nicht beim üblichen »Man müsste eigentlich« oder »Man könnte doch«. Sein Traum war bald schon sehr konkret. Und einzig mit diesem Traum im Lebensgepäck trat er aus der Anonymität einer bürgerlich-durchschnittlichen Herkunft hinaus.

Eher schlicht von Stand und Geburt. Durch keinen Adelstitel erhöht, durch keine akademischen Weihen genobelt. Auch kein originäres Genie im Sinn eines Leonardo

Wir dürfen Columbus nicht mehr Erkenntnis zuschreiben, als das Zeitalter den Menschen ermöglichte, und was von Instinkt in ihm war, hörte zu wirken auf, sobald seine Person ins Spiel kam.

Jakob Wassermann, Christoph Columbus, 1929

da Vinci (der ein Jahr nach Columbus geboren wurde) oder Michelangelo. Keiner wie die, deren Werke kein anderer außer ihnen selbst hätte schaffen können.

Zuweilen, was das Dunkel seiner Herkunft anging, wurde schon der Vergleich mit William Shakespeare gezogen. Wer immer jedoch der Schwan von Stratford upon Avon wirklich gewesen war: sein Werk ist unaustauschbar. Das Werk des Columbus streng genommen nicht. Und gilt für Shakespeare das Scherzwort Mark Twains, seine Werke seien gar nicht von ihm, sondern von einem Mann gleichen Namens, so lässt sich das in kleiner Variante auch auf Columbus anwenden: Sein Werk muss nicht von ihm sein. Es hätte auch ein anderer mit ganz anderem Namen schaffen können.

Der Seemann aus Genua, eigentlich schon gescheitert, bereits passé, war aber der richtige Mann zur richtigen Zeit. Und sein erster Biograf Frater (und späterer Bischof) Bartolomé de Las Casas, hatte im Kern durchaus Recht, wenn er die Zeit des Columbus schlicht für reif erklärte, bestimmte Früchte endlich zu pflücken: »Da wählte der göttlichste und höchste Meister unter allen Söhnen Adam, die es zu unserer Zeit auf Erden gab, jenen ausgezeichneten und großen Colón dafür aus …«

Genauso war es, wen immer man als göttlichsten und höchsten Meister ansieht. Die Zeit war reif. Einer musste kommen. Der eine kam.

Mit seinem Werk, der Entdeckung Amerikas bei der Suche nach dem westlichen Seeweg nach Indien, vollzog er, was manch anderer vor ihm gleichfalls schon gedacht hatte. Ein Kind seiner Zeit wie ein Luther oder Fugger oder Gutenberg. Und wie sie dieser Zeit voraus, indem er deren geheime Schwingungen und verborgenen Möglichkei-

Sollte ich in irgendeiner Weise gefehlt haben, geschah es aus der Unmöglichkeit, es anders zu machen, oder weil mein Wissen und meine Kräfte nicht ausreichten.

Columbus an seinen Sohn Diego, 1504

6 »Das Ei des Columbus«. Holzstich nach einem Gemälde von Leo Reiffenstein, um 1890

ten wacher, aktiver wahrnahm als die übrigen in der Welt und sie – irgendwann, irgendwie – in Taten umsetzen.

Columbus leistete, was viele andere auch hätten leisten können. Aber nur er handelte, wo die anderen nur redeten. Das macht seine Größe aus. Und in diesem Sinn gewinnt auch die wohl bekannteste aller Anekdoten um ihn ihre tiefere Bedeutung, nämlich jene Geschichte vom Ei, das auf die Spitze zu stellen er einen von eigenen geplanten Entdeckungen bramarbasierenden Höfling aufforderte.

Ein kurzer Schlag aufs Tischholz, die Eierschale leicht eingedrückt, und schon stand das Ei. Ein Kinderspiel und

Taschenspielertrick. Ganz einfach, wie die Seereise nach Westen. Man musste nur darauf kommen. Und man musste sie wagen. Wie es einmal der französische Dichter Victor Hugo ausdrückte: Das Genie des Columbus sei nicht gewesen, angekommen, sondern überhaupt erst mal abgefahren zu sein.

Wer war nun dieser Mann, der Eier auf die Spitze stellen konnte und auf dem Seeweg Indien zu erreichen versuchte? Bekannt wie kaum ein anderer und zugleich unbekannt wie wenige Große, wenigstens bis zu seinem Eintritt in die Weltgeschichte.

Sein Name? Columbus. Kolumbus. Colón. Es gibt ihn in verschiedenen Schreibweisen, wie den Vornamen auch, mal Cristóforo, mal Christoph, mal portugiesisch Cristóbal. Und wenigstens so viele Möglichkeiten für seinen Geburtsort gibt es ebenfalls, an die siebzehn wohl.

Christoph Columbus. Admiral der Meere. Größter aller Entdecker. Und ein Rätsel. Das auch.

Der Fremde, der aus dem Dunkel kam

Mit dem Geburtstag fängt es an. Schon der lässt sich nicht festlegen. Und anders als beim ähnlich vage datierbaren Thesenanschlag zu Wittenberg, wo man sich schließlich auf den 31. Oktober einigte, beließ man es im Fall Columbus bei einer Zeitspanne vom möglichen 25. August bis zum möglichen 31. Oktober, während das Jahr, 1451, anhand eines Dokuments aus dem Jahr 1470, das ihn als Neunzehnjährigen ausweist, einigermaßen gesichert feststeht.

Also denn: Cristóforo (oder Christoph) Columbus wurde im Frühherbst 1451 geboren, und zwar in Genua.

Nicht in Genua, nein!

Schon erhebt sich Protestgeschrei, und eine Legion Columbus-Forscher rückt mit ausgiebig belegten, mehr oder minder schlüssigen Theorien an, ihr Heros sei an manchem möglichen Ort geboren worden, nur eben nicht in Genua.

Er sei Galiego, Katalane, Mallorquine (und auf Mallorca als illegitimer Spross eines veritablen Prinzen zur Welt gekommen). Oder: Napoleons Heimat Korsika sei auch die des Columbus gewesen. Vielleicht sei er aber auch Grieche, Pole, Franzose, Engländer. Nur kein Russe oder Deutscher. Diese Theorien hatten wir noch nicht.

Wünschte ich der Helden einer zu sein
Und dürfte es frei bekennen,
So wär' es ein Seeheld
- - -
Und hin nach Genua will ich,
Zu erfragen Columbus' Haus.

Friedrich Hölderlin, 1792

Wohl aber – und das ist die vielleicht interessanteste –, Columbus war Jude.

Schon früh kam dieser Gedanke auf. Der Spanier Salvador de Madariaga, Dichter wie Historiker, vertiefte diese Behauptung 1939 in seiner Columbus-Biografie. In den frühen siebziger Jahren übernahm sie Simon Wiesenthal in seinem umstrittenen Buch ›Segel der Hoffnung‹ und erweiterte sie zu der kühnen Behauptung, das gesamte »Unternehmen Amerika«, bei dem kein christlicher Priester, wohl aber ein Dolmetscher für Hebräisch an Bord war, sei ein jüdischer Versuch gewesen, den spanischen Verfolgungen zu entkommen und jenseits der Meere vielleicht doch noch das in der Bibel versprochene Gelobte Land zu finden.

Anhaltspunkt für Madariaga und die Anhänger seiner Theorie waren Name und Sprache.

»Colombo« oder, wie er sich selbst nannte, »Colón« waren in der Tat häufige jüdische Namen im Oberitalien jener Zeit. Allerdings trugen ihn auch christliche Familien. Und wie, hämen die Gegner, kommt es dann zu diesem christlichen Vornamen »Cristofóro« nach jenem Heiligen, der einst das Christuskind über einen reißenden Fluss trug?

Auch das, antworten die Befürworter, kann ein Beweis für jüdische Abstammung sein. Wie stand es denn in Portugal mit den getauften Juden, die alles, sogar Muscheln, im verbotenen Schweinefleisch brieten, um nur ja von ihrer jüdischen Herkunft abzulenken?

Der Admiral war ein wohlgebauter Mann, übermittelgroß, von länglichem Gesicht mit etwas hochliegenden Wangen, die weder dick noch dünn waren. Er besaß eine Adlernase, und seine Augen waren von heller Farbe, seine Gesichtsfarbe gleichfalls hell, doch leicht in ein lebhaftes Rot übergehend. In der Jugend war sein Haar blond, mit dreißig Jahren wurde es jedoch ganz weiß.

Fernando Columbus über seinen Vater

Aus eben der gleichen Überlegung heraus, gleichsam als Schutzmaßnahme, könnte Vater Columbus dem Sohn den Namen »Cristofóro« gegeben haben, dem der Sohn selber mit seinem Geschick für Selbstdarstellung und Eigenpropaganda noch einen weiteren doppelten Sinn zu unterlegen wusste: Er, der »Christträger«, hätte wie einst jener Heilige zwar nicht Christus selbst, wohl aber den christlichen Glauben über die Fluten hinweg in eine andere Welt getragen.

Doch zurück zur Frage seiner Abstammung. Sagen wir: In Sachen Namen stehen sich Pro und Kontra annähernd gleichwertig gegenüber. Mit der Sprache wird es schwieriger.

Natürlich wird Columbus Italienisch gesprochen haben. Doch fällt in der Tat auf, dass er sich darin kaum schriftlich geäußert hat, wohl aber – und zwar schon vor seiner Spanien-Zeit – auf Katalanisch. Wo, wann, warum könnte er das gelernt haben? Und wo Latein, das er gleichermaßen flüssig, wenn auch nicht immer fehlerfrei beherrschte? Unterliefen ihm aber Fehler, waren es typisch spanische Schnitzer, nicht die eines Italieners. Wieso wuchs jemand in Italien auf Katalanisch heran?

Madariaga und Wiesenthal haben die Antwort. Sie wissen, dass sich die Familie Colombo kurz vor 1400, als mal wieder in Spanien die Judenverfolgung besonders grausam wütete, nach Italien flüchtete. Dort bemühten sie sich wacker, gute Italiener zu sein.

Aber im Familienkreis sprach man eben weiter das vertraute Katalanisch, und noch das Kind Cristofóro wuchs zweisprachig heran. Einige recht erstaunliche Kenntnisse jüdischen Brauchtums kamen hinzu und schließlich sein eigener Hinweis, er hätte seine Erhöhung zum Admiral der Meere dem gleichen Gott zu verdanken wie einst der Hirte David seine Erhebung zum König Israels.

Es ließe sich die Argumentation für und gegen das Judentum des Columbus noch eine Weile fortsetzen. Doch irgendwann stellt sich die Frage: Was bringt das eigentlich?

Nicht viel.

Würde irgendwann definitiv feststehen, Columbus sei wirklich Jude gewesen, brauchte deshalb die Geschichte der Entdeckung Amerikas nicht neu geschrieben zu werden. Er bleibt nun mal der Mann aus dem Dunkel, ein »Fremder« oder »Ausländer«, der »extranjero«, wie er sich selbst gelegentlich bezeichnete, und am Ende sagt diese Selbsteinschätzung mehr über ihn und seine innere Befindlichkeit aus als alle Hinweise auf seine mögliche jüdische Herkunft.

»Fremd« fühlt er sich in dieser Welt, ist nirgends ganz zuhause, später nicht in seinem Amerika, zuvor nicht in Portugal oder in Spanien und auch nicht in seiner mutmaßlichen Heimatstadt Genua, die wir ihn aus ähnlich kühlen Augen mustern sehen, wie sie uns aus den meisten der wohl siebzig Columbus-Porträts anblicken.

Was verdankt er dieser Welt dort, der er entstammt? Nichts. Wem verdankt er alles? Einzig sich selbst. Er ist der Selfmademan schlechthin. Da mag es ihm selbst schlicht gleichgültig sein, wo er geboren wurde. Heimat ist austauschbar. Und wenn es denn wirklich dieses Genua sein sollte: Was ist denn schon diese Stadtrepublik an der ligurischen Küste mit dem Appenin im Rücken?

»La Superba« hieß Genua im Mittelalter. Das geht gerade zu Ende und mit ihm Genuas größte Zeit. Das ahnen die Genuesen spätestens von jenem Sommer 1453 an, als Konstantinopel, das Rom des Ostens, in die Hände der

Schließlich war er in höchstem Maße imponierend in seinem Auftreten und seiner Haltung und eine Persönlichkeit von hohem Ansehen und großer Würde, die alle Achtung verdiente. Er war genügsam und mäßig im Essen und Trinken, in Kleidung und Schuhwerk; allgemein war bekannt, dass er im Familienkreis eine heitere Unterhaltung pflegte und, wenn ihn jemand ärgerte, mit Entrüstung die Worte ausstieß: »Gott soll euch holen, könnt ihr denn dies und jenes gar nicht begreifen?« …

Bartolomé de Las Casas über Columbus

Türken fällt. Eine Tragödie für das gesamte christliche Abendland. Ein Trauerspiel speziell für Genua.

Denn nun sind die Handelswege nach Osten hin abgeschnitten, und aller genuesischer Glanz beginnt zu verblassen. Schon zogen Tage herauf, da man nur noch von einer großen Vergangenheit würde träumen können, und das war kein Terrain für einen ehrgeizigen jungen Mann wie Christoph Columbus. Ihn erwartete hier ein Schicksal ähnlich dem seines Vaters Domenico, und so wollte er nicht werden, ums Verrecken nicht. Obgleich schon dieser Vater ein Aufsteiger war. Zunächst jedenfalls.

Dessen Vater wiederum, Columbus' Großvater Giovanni, möglicherweise also der aus Spanien geflüchtete Jude, scheint in der ersten Hälfte des 15. Jahrhunderts irgendwann aus einem Tal des Appenin gekommen zu sein, im Zug jener Zeit vom Land zu den Städten oder wenigstens in deren Nähe. Im Städtchen Quinto nicht weit von Genua wurde er Wollweber, und Sohn Domenico sollte es mal besser haben als er.

Der wurde in eine richtige Wollweberlehre gesteckt und kam schließlich als Meister heraus. Er wurde Mitglied der Tuchmacherzunft und konnte nun schon Quartier in der Stadt Genua nehmen.

Bescheidener Wohlstand also. Ein Haus, zwar nur gepachtet, doch immerhin. Heirat mit Susanna di Fontaneressa, Tochter eines Tuchmacher-Kollegen, der erste Sohn Cristo-

> Der ehrbare Herr Giacomo Fiesci, Sohn des verstorbenen Herrn Ettore, Bruder und Prokurator des hochwürdigen Bischofs Fiesci, Kommendatar des Klosters Stefano vom Orden des Heiligen Benedikt, vermietet in Pacht dem hier anwesenden Wolltuchweber Domenico Colombo ein Grundstück mit einem Haus im Vico Dritto in der Vorstadt Santo Stefano, mit Hausfront gegen die Gasse, auf dem Grundstück des genannten Klosters.
>
> *Vertrag über das mutmaßliche Columbus-Haus in Genua vom 18. Januar 1455*

7 Das Columbus-Haus in Genua

fóro, vier weitere Kinder, drei Jungen, ein Mädchen: Stationen eines soliden bürgerlichen Aufstiegs, der kurz vor der Geburt des Stammhalters seinen Gipfel erreicht.

Denn in den immerwährenden Kämpfen der großen genuesischen Familien um die Macht in der Stadt hatte sich Domenico auf die richtige Seite, die des Hauses Fregoso, geschlagen und konnte zum Lohn und als kleinen Nebenerwerb den einträglichen Posten eines Torwächters kassieren. Also Umzug in ein schöneres Haus, wo Columbus seine eigentliche Jugend verlebt, gutbürgerliche Reputation – die Welt ist heil. Allerdings nicht lange.

Der politische Umschwung kommt. Eine andere Sippe regiert. Domenico Colombo ist nicht länger persona grata. Das schadet vor allem dem Geschäft. Schon muss man Schulden machen, Sohn Christoph tritt einmal als Bürge auf mit jenem Dokument von 1470, aus dem sich sein Geburtsjahr errechnen lässt, und die Schuld von damals wird er erst kurz vor seinem Tod begleichen. Der Vater hat nicht einmal das Geld, der Tochter Biancetta die Mitgift auszuzahlen, und prozessiert darum mit seinem Schwiegersohn, einem Käsehändler.

Umzug in den Vorort Savona. Der Vater macht dort, neben der Wollweberei, eine Kneipe auf, soll – on dit! –

sein eigener bester Gast gewesen sein und in manchem Glas Roten, wohl auch in manchem Glas zuviel, den Kummer über die Misere ertränkt haben. Seinem Ältesten scheint es jedoch gerade in Savona so übel nicht gefallen zu haben. Jedenfalls wird er nur einmal einer seiner Entdeckungen einen italienischen Namen geben, und das ist auf Hispaniola/Haiti die Stadt Saona, eben wie Savona.

Sonst scheint die Beziehung zur genuesischen Heimat eher spröde gewesen zu sein, man kann nahezu sagen: In seiner Erinnerung, sofern schriftlich festgehalten, kommt das Genua seiner Jugendzeit nicht vor, und das wird ein weiteres Argument für alle sein, die seine genuesische Herkunft bezweifeln.

Gerade einmal findet sich in einem späten Brief der Wehmutsschnörkel, nur sein Leib sei in der Fremde, sein Herz aber immer daheim. Aber das kann, wenn überhaupt authentisch, pure Höflichkeitsfloskel gewesen sein. Wenn aber Columbus gerade in Genua nie seine Pläne anbietet, obgleich dort das Geld dazu da wäre, mag weniger Verachtung daraus sprechen als nüchternes taktisches Kalkül.

Die Stadt, nach Osten ausgerichtet, hat ihre große Zeit hinter sich. Um neue Wege zu beschreiten, nun nach Westen, müssen andere Mächte her, Portugal zum Beispiel,

Genua, schon im 7. Jahrhundert v. Chr. gegründet, von Karthago zerstört, von den Römern wieder aufgebaut, hatte seine große Zeit als Stadtstaat im Mittelalter, zu dem Ligurien, Korsika sowie Kolonialbesitz vom Schwarzen Meer bis Afrika gehörten. Die Niederlage gegen Venedig (1379), die Eroberung Konstantinopels durch die Türken 1453 und schließlich die Entdeckung Amerikas beendeten diese Blüte. Erst im 19. Jahrhundert während der italienischen Einigungsbewegung wurde Genua wieder ein Zentrum und ist heute Italiens wichtigster Welthafen mit 900 000 Einwohnern.

dann Spanien. Dort liegt die Zukunft. Genua ist schon das Gestern.

Doch wird es bis zum Schritt in diese Zukunft noch eine Weile brauchen.

Der Junge wächst heran, dürfte wohl so vierzehn sein. Vom Vater hat er das Wollweben gelernt. Ein Wollweber wie der jüngere, früh verstorbene Bruder Pellegrino will er dennoch nicht werden. Sein Ehrgeiz zielt höher. Dafür hat ein Kleinbürgerspross wie er nur zweierlei Chance: das Meer und das Geld. Viel Geld.

Er muss reich, sehr reich werden. Reichtum, möglicherweise, bringen einzig See und Seefahrt. Das – und nicht irgendwelche romantischen Aufwallungen, kein Fernweh, keine Sehnsucht nach Wogengebraus und Sturmgebrüll – dürfte diesen jungen Mann hinaus auf See gezogen haben.

Es ist auch nicht so, üblicher Auftakt sonstiger Abenteurer-Biografien, dass er bei Nacht und Nebel aufgebrochen wäre, mit scheuem Blick zurück aufs dunkle Vaterhaus, hin zum nächsten Schiff, das ihn vielleicht als Seemann gebrauchen kann.

Alles dürfte eher gemächlich angefangen haben. Kleine Reisen entlang der Küste, kleine Handelsaufträge. Die weiteste Fahrt dieser ersten Jahre war wohl die bis zur Insel Chios in der Ägäis, der angeblichen Heimat des Dichters Homer, mit dem Columbus wenigstens eines gemein hat: Auch um Homers Herkunft streiten sich mehr als ein halbes Dutzend Städte. Alles nicht sehr spannend, gewiss nicht spektakulär. Der junge Columbus, hingestreckt auf Deck, zum Himmel hoch träumend, die Sterne betrachtend, dürfte auf diesen Fahrten viel Zeit gehabt haben.

Er nutzt sie. Er bildet sich. Ohne bekannten Lehrmeister, ohne Anleitung, ganz aus eigener Kraft, ohne nennenswerte Schulung und Vorbildung.

In Genua hat er vielleicht die Schule der Tuchmacherzunft besucht, sah jedoch nie eine Universität von innen, auch nicht die von Pavia, so eifrig das später sein Sohn

Fernando in der Lebensbeschreibung des Vaters behaupten wird. Aber er lernt. Alles über Nautik, dazu einiges über Geometrie, über Astronomie, die um diese Zeit noch mit einem gehörigen Schuss Astrologie versetzt ist.

In dieser Zeit lernt er wohl auch Latein. Und das Kartenzeichnen. Und einiges mehr noch, der Prototyp eines Autodidakten, einzig getrieben vom eigenen Ehrgeiz und dem dumpfen Gefühl, in dieser Welt zu etwas anderem geboren zu sein als zur Wollweberei in Genua. Und dies berührt nun schon einen wichtigen Wesenszug.

Autodidakten seiner Art wählen sich in der Regel Wissensgebiete nach ihrer Neigung aus, fangen Feuer, vertiefen sich darin total. Sie eignen sie sich so innig an, dass sie schließlich die Materie intensiver durchdringen als andere, die mehr zufällig, weil es Lehrer und Lehrplan so vorschreiben, an ein bestimmtes Gebiet geraten sind. Das ist ihr Vorteil.

Der gelegentliche Nachteil – und der wird gerade am Beispiel Columbus offensichtlich: Sie wissen, was sie wissen, aber sie wissen nur das. Mit der Naivität von Kindern, die gerade festgestellt haben, eins plus eins sei zwei, drängen sie dieses Wissen anderen als ganz neue, einzigartige, so noch nie gehörte Wahrheit auf. So auch Columbus, wobei noch eine ausschweifende Phantasie und die Gabe hinzukommen, Dinge so zu sehen, wie er sie sehen

Die Insel **Chios** vor der kleinasiatischen Küste war im Mittelalter Teil des genuesischen Imperiums und vor allem für das Mastix berühmt. Das aus der Rinde des Mastixstrauches gewonnene, getrocknete Harz fand Verwendung bei der Herstellung von Schnäpsen oder Bonbons und diente als Klebemittel, u. a. in der Medizin. Mit der Eroberung Konstantinopels 1453 sank die wirtschaftliche Bedeutung der Insel. 1566 geriet Chios unter türkische Herrschaft. Columbus' Hoffnung, auch in Amerika Mastix zu finden, trog.

will, notfalls unter Umgehung aller Wahrheit und Wahrscheinlichkeit.

Das alles ist Teil seiner Kraft. Es ist zugleich – und wird es sein Lebtag lang bleiben – seine Schwäche. Und das wird zunächst auch sein größtes Problem bei der Durchsetzung seiner Pläne sein.

Wir sehen diesen Mann vor den Kommissionen zunächst in Portugal und dann in Spanien. Wir hören ihn mit aller Inbrunst Dinge vortragen, die den meisten der Herren dort längst geläufig sind. Nein, sie lachen ihn nicht aus, wie lange Zeit die Legende wissen will. Sie schmunzeln allenfalls über die ollen Kamellen, die ihnen hier als jüngste Erkenntnis zugemutet werden. Endlich winken sie ab.

Geh dorthin, Junge, wo du noch mit deinen Theorien vom Seeweg nach Indien übers Meer nach Westen irgendeinen hinter dem Ofen hervorlocken kannst. Und wenn wir ein solches Wagnis tatsächlich unternehmen würden, dann, na ja, ganz sicher nicht mit einem wie dir.

Doch zurück in seine frühen Jahre, über denen weiterhin dichtes Dunkel liegt.

War er wirklich, eine Behauptung neben anderen, in dieser Zeit so etwas wie ein Pirat? Möglich immerhin, da damals der Trennstrich zwischen Piraterie und ehrlicher Seefahrt so genau nicht immer gezogen wurde.

Kann es sein – wieder einmal ein Argument gegen Genua als seinen möglichen Geburtsort –, dass er gegen die eigene Heimat in den Kampf gezogen ist? Auch das ist so

> Seefahrt ist nicht immer Sturmfahrt, und auf dem sonnenbeschienenen Meer des Südens genießt der Seemann oft genug seine Mußestunden. Das Mittelmeer selbst mit seinem blauen Himmel und blauen Wasser war daher die Universität für den jungen Christóforo. An Bord wird es auch Seemanns-Almanache und das eine oder andere Astronomiebuch gegeben haben.
>
> *Salvador de Madariaga, Kolumbus, 1966*

ganz unwahrscheinlich nicht, da zu dieser Zeit Patriotismus noch nicht zur ethischen Grundnahrung gehört.

Der Seemann Columbus, den ein frühes Bild als Schiffsjungen auf Deck mit einem nautischen Messgerät zeigt, führt eben ein Seemannsleben, ziemlich unstet, reichlich wüst, an keine Familie, keine Heimat gebunden, an keine Frau. Kneipenbesuche in den Häfen, auch mal der Ausflug ins Bordell, das alles dürfte dazu gehören. Und was noch? Was darf in keinem Seemannsleben fehlen?

Die Teilnahme an einer Seeschlacht. Und ein dramatischer Schiffbruch samt Rettung aus höchster Lebensgefahr. Auch das liefert die Columbus-Legende, und zwar für das Jahr 1476, am 13. August genau.

Columbus will ein erstes Mal auf den Atlantik hinaus. Er geht – als Passagier in kaufmännischer Mission? als Besatzungsmitglied? – an Bord eines Schiffes mit dem Namen »Bechalla«, das eine kleine genuesische Handelsflotte über Lissabon nach England geleiten soll. Doch kommt man so weit nicht. Am Kap San Vincente, Portugals südlichster Ecke, lauern französische Piraten unter venezianischer Flagge.

Oder sollte sich Columbus, andere Möglichkeit, auf einem dieser Piratenschiffe aufgehalten haben, also Angreifer und kein Angegriffener gewesen sein?

Unser Herr hat mir in seiner Güte das gewährt, was immer schon mein Herzenswunsch war. Er gab mir einen wachen Verstand, um die Dinge zu begreifen. Für die Schifffahrt schenkte er mir Gaben im Überfluss, für die Astrologie gab er mir das, was ich brauchte, auch an Geometrie und Arithmetik fehlte es nicht. Meinem Geist schenkte er Einbildungskraft. Er gab mir eine geschickte Hand; mit ihr lernte ich das Bild des Erdballs zu zeichnen und darein Städte, Flüsse und Berge, Inseln und Häfen an den richtigen Stellen einzutragen. Seit ich Seemann wurde, habe ich mit Fleiß in allen Schriften, Erdbeschreibungen, Geschichtsbüchern, Chroniken, Philosophiewerken und anderen Büchern gelesen.

Columbus an das spanische Königspaar

Wie auch immer: Die Schiffe verkeilen sich. Die Genueser schleudern Fackeln aufs Deck der Feinde. Aber auch die eigenen Segel fangen Feuer. Bald steht die ganze Flotte in Flammen. Wer sich retten will, stürzt sich ins Meer, um dort elend zu ertrinken, die meisten Seeleute sind Nichtschwimmer. Nicht aber Columbus. Er kann sich an eine vorübertreibende Planke klammern, wird ans Ufer gespült, Dörfler eilen heran.

Wo bin ich?

In Portugal. Ein neuer Lebensabschnitt beginnt.

Eine andere Version liest sich entschieden nüchterner. Demnach bot Portugal dem Seemann und Kartenzeichner Columbus ganz andere Aufstiegsmöglichkeiten als das welkende Genua. Schon war sein jüngerer Bruder Bartolomeo dorthin ausgewandert (oder sollte ihm, in anderer Version, bald nachfolgen). Jetzt traf Columbus selbst in Lissabon ein.

Fest steht nur: Er ist von 1476 an in Portugal. Die Nebel um ihn beginnen sich zu lichten. Einige jedenfalls.

Es muss den Weg nach Indien geben!

Wer heutzutage nach Lissabon kommt, wird den Schimmer leiser Trauer spüren, der über allem zu hängen scheint, über den blätternden Fassaden der Altstadt, über den Farben, Stimmen und Stimmungen, selbst noch über dem Blick hinaus aufs Meer. Eine fatalistische Trauer, die schon den nahen Orient spüren lässt, leise, weich, wie eine Milchglaswand, hinter der alle Wirklichkeit verschwimmt und Realität sich nur noch in vagen Konturen abzeichnet.

Diese Trauer schwingt im Fado mit, der portugiesischen Nationalmusik ohne all die auftrumpfende Aggression des spanischen Flamenco. Sie dämpft jedes Himmelblau, mildert jedes grelle Rot und Grün. Und sie klingt in den Gesprächen an, alle mit der immergleichen Melodie: »Das Große war gestern, unsere Zeit ist vorbei, wir sind hier am Rande der Welt.« Oder deftiger noch: »Portugal – das ist der Nachttopf Europas.«

Worauf dann das Gespräch wie zum Trost in ferne Zeiten zurückschweift, als Portugal noch groß und stark war, die Heimat des Seefahrers Heinrich, eines Bartolomeo Diaz oder Vasco da Gama, der ja wirklich 1499 den See-

Lissabon am Tejo, der einzige Naturhafen an der iberischen Küste, ein »Alis ubo« (lieblicher Ort), wurde angeblich vom Sagenhelden Odysseus gegründet, erhielt 48 v. Chr. von Julius Caesar römisches Stadtrecht und wurde von 1256 an unter Afonso III. Residenz der portugiesischen Könige. Schon zur Columbus-Zeit hatte Lissabon 350 000 Einwohner, heute ist Portugals Hauptstadt eine Halb-Millionen-Metropole.

weg nach Indien gefunden hatte, während Columbus, dieser Prahlhans aus Genua, lediglich …

Doch was soll's? Wir sind nun mal am Rand der Welt. Und dort werden wir wohl bleiben.

Schon zur Zeit jener Männer im 15. und 16. Jahrhundert hätte es so heißen können, damals noch mit anderem Unterton, trotzig, stolz und aufbegehrend: der Rand der Welt, na schön, aber mal sehen, wohin wir von dort aus noch stoßen werden. Und gäbe es so etwas wie Logik in der Geschichte, hätte einzig Portugal die erste wirkliche Weltmacht der Neuzeit werden müssen.

Aber es gibt eben eine solche Logik nicht, und alles sollte sehr anders kommen, als es sich noch um die Mitte des 15. Jahrhunderts abzeichnete. Was dann wiederum mit jenem Mann Columbus zusammenhing.

Doch zunächst schien die Entwicklung in eine ganz andere Richtung zu führen, damals zu Zeiten jenes Prinzen Heinrich, dem später das 19. Jahrhundert den Beinamen »der Seefahrer« verlieh.

Als Viertgeborener ohne Chance, je selbst den Thron zu besteigen, hatte er sich mit dem einträglichen Posten eines Gouverneurs der Algarve getröstet, um dort seine wie einen Geheimorden geführte Seeschule zu gründen. Durch Thunfischfang und Sklavenhandel der reichste Mann Portugals und sicher einer der reichsten dieser Zeit geworden, konnte er sich Expedition um Expedition leisten, dabei immer methodischer Realist, kein Abenteurer und Träumer.

Afrika wurde sein Terrain. Nächste Etappe, vielleicht, hätte die Erforschung eines Seeweges nach Indien sein können. Darüber starb er. Und mit seinem Tod im Jahr 1460 hatte zunächst eine Phase erst allmählich wieder überwundener Stagnation eingesetzt.

Es fehlte weniger an Wagemut als an Geld. Die Krone, ohne die Mittel Heinrichs, scheute jetzt die selbstfinanzierte Expedition und gab lieber denen eine Lizenz, die selbst die Kosten trugen oder entsprechende Sponsoren hatten. Der Gedanke an den Seeweg nach Indien blieb

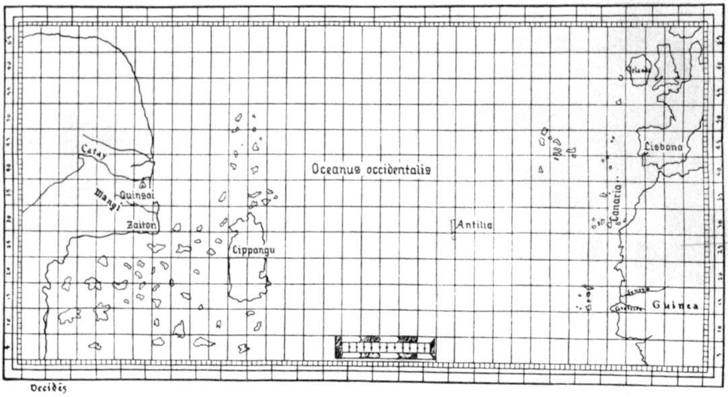

8 Die Weltkarte des Toscanelli. Rekonstruktion nach Hermann Wagner

zwar präsent, aber nur verschwommen in der Ferne als eine irgendwann einmal gegebene Möglichkeit.

Immerhin horchte Portugals König Afonso V. auf, als er 1474 über seinen Beichtvater Fernando Martíns von einem gewissen Paolo dal Pozzo Toscanelli hörte, der sich zu eben diesem Thema recht konkrete Gedanken gemacht hatte. Die, ließ er ihn wissen, möge er doch etwas näher erläutern.

Toscanelli (1397–1482), eigentlich Arzt und Astronom, darüber hinaus aber ein typischer »uomo universale« der Renaissance, der alles wusste, erprobte, sich mit allem beschäftigte, machte sich in seinem heimatlichen Florenz an die Arbeit. Am portugiesischen Hof traf bald ein Brief nebst sorgsam gezeichneter Seekarte ein, wo der Seeweg in den Westen exakt berechnet war.

Der König las das, nickte, war beeindruckt. Und ließ die Unterlagen zunächst mal im Archiv verschwinden. Dort lagen sie gut. Und wurden nur zuweilen von dem einen und anderen Neugierigen hervorgekramt. Zum Beispiel von einem Christoph Columbus.

Wieso von dem? Wie konnte sich ein hergelaufener Fremder aus Genua Zutritt zu den streng verschlossenen königlichen Archiven verschaffen?

Kehren wir in das Jahr 1476 zurück, als er erstmals portugiesischen Boden betreten hatte, als mittelloser Schiffbrüchiger oder mittelloser Einwanderer, mittellos in jedem Fall, doch auch nicht ohne Schutz und Hilfe.

Vielleicht hatte sich seiner, falls wirklich schon vor ihm in Lissabon eingetroffen, sein Bruder Bartolomeo angenommen und ihn als Kartenkopisten in seinem ganz gut florierenden Buch- und Seekartenladen untergebracht. Vielleicht kümmerten sich um den Landsmann auch andere Genuesen, von denen es in Lissabon eine ganze Kolonie gab. Vielleicht genoss er, sollte er wirklich Jude gewesen sein, den Schutz der jüdischen Gemeinschaft. Columbus konnte jedenfalls leben.

Aber das reichte nicht. Er wollte mehr, eine Existenz nicht gerade in Glanz und Gloria, aber doch ansehnlich und angesehen. Die in seinem Wesen nistende Unruhe kam noch hinzu. So zog es ihn denn weiterhin – der Schiffbruch, sofern stattgefunden, schien keine tiefere traumatische Spur gezogen zu haben – hinaus auf See.

Er heuerte also wieder an. Mal für eine Fahrt nach Madeira in Sachen eines im genuesischen Auftrag durchgeführten Zuckergeschäfts, mal für eine Fahrt nach Flandern, England und Irland.

Ich sende deshalb Sr. Majestät eine eigenhändig gezeichnete Karte. Auf ihr ist der ganze Westen der bewohnten Welt von Irland bis nach Guinea eingetragen nebst allen Inseln, auf die man unterwegs trifft. Ihnen gegenüber im Westen ist der Anfang von Indien mit den Inseln und Orten gezeichnet, wohin ihr euch nach dem Äquator wenden könnt, und in welcher Erinnerung, d. h. in wie viel Meilen ihr zu diesen Gegenden kommen könnt, die alle möglichen Gewürze, Edelgestein und Geschmeide in Fülle bergen. Und wundert euch nicht, dass ich die Teile, wo die Gewürze wachsen, Westen nenne, da man doch gewöhnlich sagt, sie befänden sich im Osten.

Aus dem Brief von Paolo Toscanelli an den königlichen Beichtvater Fernan Martíns, 1474

Ganz andere Welten, neue Perspektiven. Und was immer sonst von diesem Mann zu halten war: für Anregungen aller Art war er aufnahmefähig wie ein trockener Schwamm, seine Bereitschaft, all diese Anregungen in seiner Phantasie gleich wieder umzusetzen, grenzenlos. Und vielleicht nur in seiner Phantasie segelt er nach dem Zwischenstopp in Irland gleich weiter bis ins sagenumwobene »Thule«, also nach Island, von wo fünfhundert Jahre zuvor Wikinger nach Grönland, Labrador und Neufundland aufgebrochen waren, Amerikas eigentliche Entdecker also.

Alles nur Sage und Gerücht wie Columbus' Aufenthalt auf Island auch?

Die Vorstellung, wie er da im angeblichen Thule all die Geschichten von Erik dem Roten und den anderen Wikingerhäuptlingen hört und sich sagen lässt, dass sie von Thule aus immer weiter in den Westen vorgestoßen sind, bis er endlich selbst den Plan einer Weiterfahrt in den Westen fasst, bleibt so schön und schlüssig, dass man sich davon nur ungern trennt.

Aber belassen wir es beim Wahrscheinlichen! Nehmen wir einfach an, dass in all diesen frühen portugiesischen Jahren – ob mit, ob ohne Island-Erfahrung – der »Große Plan«, wie später sein Amerika-Unternehmen genannt werden sollte, herangereift ist!

Nicht plötzlich, nein, mehr Schritt um Schritt, wie ein Mosaik aus allen möglichen sehr verschiedenen Steinchen zusammengesetzt. Nicht von einem Augenblick zum anderen, wie sich poetische Naturen solche »Sternstunden der Menschheit« vorstellen, sondern zögernd, lange hingezogen, an Bord der Schiffe, auf denen er den Atlantik durchkreuzte, und dann wieder bei ausführlichen Streifzügen durch Lissabons Buchhandlungen.

Die Erde ist rund und kugelförmig.

Columbus' Randbemerkung
in der Schrift ›Imagine mundi‹ von Pierre d'Ailly

9 Christoph Columbus.
Gemälde, 16. Jh.

Hier nun findet sein forschendes, suchendes Gemüt reichlich Nahrung. Bücher wie die ›Historia mundi‹ des späteren Papst Pius II., die Schriften Marco Polos natürlich, das ›Geografica‹-Werk des Ptolemäus oder ›De Imagine mundi‹ (Das Bild der Welt) des Franzosen Pierre d'Ailly mit seinem Kernsatz »Man muss annehmen, dass die Erde kugelförmig ist«, schon 1410 geschrieben, um 1480 vieltausendfach verbreitet, dank der frisch entstandenen Buchdruckerkunst …

Die Erfindung des Johann Gensfleisch genannt Gutenberg sollte eben nicht nur für Luthers Reformation mit der Verbreitung gedruckter, also allen zugänglicher Bibeln zum entscheidenden Impuls werden. Auch das Phänomen Columbus ist ohne die Lektüre all der gedruckten Bücher kaum denkbar. Und er liest, denkt nach, macht sich Notizen, streicht an, besonders heftig, wenn es irgendwo um Gold und Reichtümer geht: einmal auf ein solches Goldland stoßen wie Marco Polo, einmal reich sein und nicht immer nur der arme Schlucker, der sich in den Häfen mit Krämern und Matrosen herumschlagen, um jedes Kupferstück feilschen muss.

Die Bücher sind nicht seine einzige Quelle. Anderes kommt hinzu. Eben jener Brief des Toscanelli, mit dem er noch selbst, in dessen Todesjahr 1482, in direkte Korrespondenz getreten sein und von ihm für sein Unternehmen den Segen bekommen haben will. Womit sich wiederum die Frage stellt, wie er überhaupt diesen Brief kennen lernen konnte.

Die inzwischen geschlossene Ehe mit einer Aristokratin dürfte die schlüssigste Erklärung liefern.

Nicht lange nach seiner Rückkehr aus England und Irland muss er diese Dame Felipa de Perestrello e Moniz kennen gelernt haben, wohl während einer Messe des Lissabonner Convento dos santos, der zugleich eine Art Pensionat für junge Damen war und eine kleine Heiratsbörse dazu.

Die junge Frau wird als ungewöhnlich schön beschrieben, aber sie hätte schon ungewöhnlich hässlich gewesen sein müssen, wenn sie der galante Stil der Zeit anders als wunderschön geschildert hätte.

Wichtiger ist, dass sie mit ihren 25 Jahren für damalige Begriffe reichlich alt war, schon ein »spätes Mädchen«

Auf Madeira kann man den Passat kaum bemerken, weil die große und steil aufragende Insel den Wind ablenkt, ihn manchmal sogar bis auf Südwest drehen kann. Aber wer zu den wenigen gehört, die auf dem wesentlich kleineren Porto Santo leben, und sich auch noch für den Wind interessiert, der muss merken, dass der Wind oft auf den Ozean hinausbläst. Wenn man bei Miradouro das Flores, jenem Aussichtspunkt an der windigen Westspitze der Insel, ein Stück Holz ins Wasser wirft, wird es in die Karibik treiben. Und wenn man lange genug wartet, könnte es wieder über die Azoren zurückkommen. Jetzt kann Columbus also auch den Wind für den Hinweg kennen.

Klaus Brinkbäumer/Clemens Höges, Die letzte Reise, 2004

und dazu ohne nennenswerte Mitgift. Das ist Columbus' Glück, da er sonst als Bürgerlicher kaum eine Aristokratin hätte freien können.

Felipa brachte eine andere Mitgift ein: ihren guten Namen und die guten Beziehungen ihrer Familie zum Hof. Denen dürfte Columbus unter anderem den Zutritt zum königlichen Archiv verdankt haben.

Von Lissabon siedelt das junge Paar um 1480 für wohl zwei Jahre in die engere Heimat der Braut über, auf die Insel Porto Santo innerhalb der Madeira-Gruppe, die einst der bereits verstorbene Schwiegervater Bartolomeo de Perestrello, eigentlich Italiener aus der Gegend um Piacenza und selbst tüchtiger Seemann, zu entdecken mitgeholfen hatte und dafür mit dem Posten eines Gouverneurs von Porto Santo belohnt worden war.

Kein Paradies am Meeresstrand. Eher karg und armselig. Doch richtet man sich ein. Und Besuch kommt auch, Schwiegermutter Isabel, die eine Schwäche für ihren Schwiegersohn zu haben scheint. Jedenfalls überlässt sie ihm alle Aufzeichnungen und das gesamte Kartenmaterial des verstorbenen Gatten, für Columbus eine weitere Fundgrube und Nahrung für seine allzeit blühende Phantasie.

So sehen wir ihn denn in dieser Zeit auf Porto Santo über Pläne und Karten gebeugt, entdecken ihn am Strand, den Blick hinaus aufs Meer gerichtet, zum westlichen Horizont hin, wo er das Spiel des Windes beobachtet. Mit dem Passat im Rücken müsste man doch eigentlich sehr weit kommen, über alle Meere hin …

Er mag sich von Einheimischen erzählen lassen, was hier alles schon an Land gespült worden ist, deutliche Zeichen einer anderen Kultur. Und er denkt an die Tage im irischen Gailway zurück, wo seltsame, seltsam schöne Schiffbrüchige aufgetaucht waren, tiefschwarze Augen schräg im gelblich-braunen Gesicht.

Chinesen vielleicht aus dem Wunderreich des Kublai Khan, wie es Marco Polo beschrieben hatte? Wohl eher Lappen aus Finnland. Dennoch ein Indiz auch sie, dass es

Dinge dort hinter den Horizonten gibt, von denen sich die damalige Schulweisheit nichts träumen lässt. Und hier in der Stille von Porto Santo – bis heute wird es dort felsenfest behauptet – reift nun wirklich Columbus' eigentlicher »Großer Plan« heran, übers Meer nach Westen vorzustoßen.

Was spräche dagegen? Sicher kaum die Kinderfurcht, dass man am Rand der Welt in das Nichts eines unendlichen Abgrunds stürzen würde. Diese Zeiten sind vorbei. Eher schon die Zweifel am technisch Machbaren eines solchen Unternehmens. Wie viel Proviant und Süßwasser würde man brauchen? Gibt es Schiffe, die solche Mengen transportieren könnten? Wie lange würde überhaupt eine solche Reise dauern? Übersteht sie der einzelne Mensch?

Columbus ist kein Selbstmörder. Es drängt ihn nicht zu einer Todesfahrt. Aber er hat Toscanellis Brief gelesen. Der beruhigt ihn: 130 Längengrade zu je 84 Kilometern sei wohl die Reise lang, das hat der alte Herr errechnet. Tatsächlich sind es 230 Grad zu je 111 Kilometern, nicht ein Drittel des gesamten Erdumfangs, sondern wenigstens das Doppelte. Aber Columbus glaubt Toscanelli, wohl weil er ihm glauben will, ja, er meint sogar, der Florentiner habe übertrieben, die Strecke müsse eher noch kürzer sein.

In jedem Fall: Die geplante Reise liegt im Bereich des Menschenmöglichen. Sie ist zu schaffen.

Entdeckung Amerikas durch die Wikinger

Um 1000 n. Chr. brach der Wikinger Leif Eriksson, Sohn des nach Grönland verbannten Erik des Roten, mit 35 Mann von der grönländischen Wikingerkolonie aus zu einer Entdeckungsfahrt auf. Vielleicht nur Sage: Hierbei stießen sie auf die Küste von Nordamerika, nannten die entdeckten Regionen »Markland« (Land der Wälder) und »Vinland«, lieferten sich dort mit den eingeborenen »Skealingen« (Barbaren) heftige Kämpfe und gründeten Siedlungen, die später wieder in Vergessenheit gerieten.

Hätte Columbus seinen großen Plan auch gewagt, wenn er die tatsächlichen Entfernungen gekannt hätte? Möglich. Vielleicht auch nicht. Auf alle Fälle bestätigt sich mal wieder, dass es zuweilen ganz gut ist, nicht zu genau die Wahrheit zu kennen.

Die Zeit verging. Familie Columbus, um einen Sprössling größer, den um 1479/80 geborenen Sohn Diego, kehrte nach Lissabon zurück. Und Columbus schien nun zu meinen, der Tag sei da, mit seinem sorgsam ausgereiften Plan an die Öffentlichkeit zu treten.

Es wurde auch Zeit. Denn praktisch war das die letzte Chance für den nicht mehr jungen Mann, endlich aus der Mittelmäßigkeit eines kleinen, wenig erfolgreichen Kauffahrers und Handelsagenten herauszugelangen und nunmehr in jene Höhen aufzusteigen, in denen er sich insgeheim wohl immer schon gewähnt hatte. Und noch einmal nutzten ihm die guten Verbindungen der Familie seiner Frau.

Der König räumte ihm eine Audienz ein. Das war nun nicht mehr der zögerliche, mehr an einem Kreuzzug gegen die Heiden interessierte Afonso, der damals die Toscanelli-Unterlagen ungenutzt im Archiv hatte verstauben lassen. In diesem Jahr 1484 hatte sein Sohn João II. den Thron bestiegen, ein ehrgeiziger junger Mann und zuweilen als »der Vollkommene« gepriesen, wenn er nicht gerade einen Gegner umbringen ließ oder, wie im Fall eines Schwagers, gleich eigenhändig zur Tat schritt.

Doch von See und Seefahrt verstand der schon vom Vater zu einer Art Marineminister erhobene junge Monarch einiges. Hierbei machte ihm keiner etwas vor. Schon gar nicht dieser Herr Columbus, der da eben vollmundig vor seinen Thron hingetreten war.

Wer ist das überhaupt? Und was, bitte, meint er? In den Westen will er segeln, mit drei Karavellen, na schön. Und dann? Ach so, er will den Seeweg nach Indien entdecken, neue Länder dort in Besitz nehmen, mit Gold schwer beladen zurückkehren. Und was verlangt er dafür?

Nicht eben wenig. Geadelt will er werden, den Titel eines Admirals des Ozeanischen Meeres tragen, Vizekönig in allen entdeckten Ländern sein, an deren Einkünften beteiligt werden. Noch etwas?

Der König sagt nicht Nein, er sagt nicht Ja. Man kann schließlich nie wissen. So wird denn Columbus an eine Kommission verwiesen. Die mag entscheiden, was von diesem großsprecherischen Mann und all seinen Plänen zu halten ist. Ihr soll sogar der gerade im portugiesischen Dienst stehende Martin Behaim angehört haben, der Nürnberger, der sechs Jahre später den berühmten ersten Globus konstruiert, und er soll – weiteres Ondit! – zu Columbus' Gunsten gesprochen haben. Als Einziger.

Die anderen schüttelten den Kopf: Abgelehnt, Herr Columbus! Ihr Großer Plan ist uns zu groß! Wir bleiben lieber bei der Wirklichkeit! Gesenkten Hauptes zog der Möchtegern-Entdecker davon. Doch wer zuletzt lacht …

Martin Behaim (um 1459–1507), Sohn eines Nürnberger Kaufmanns und Patriziers, war als Tuchhändler in Antwerpen tätig, kam 1484/85 nach Portugal, nahm vielleicht an einer Reise an die afrikanische Küste teil, heiratete Joanna de Macedo, Tochter des Gouverneurs der Azoreninsel Fayal, und wurde 1485 zum Ritter geschlagen. 1490 bis 1493 hielt er sich in Nürnberg auf, brachte offenbar neues Kartenmaterial mit und gab den berühmt gewordenen Globus in Auftrag. Vor der Reise des Columbus entstanden, zeigt er noch das alte Weltbild ohne Amerika. Die afrikanische Westküste bis zum Kap der Guten Hoffnung ist sehr genau gezeichnet, der riesige Kontinent Asien unter anderem nach Marco Polo sehr unrealistisch. Wie lange Zeit alle weiteren späteren Globen zeigt er die Alte Welt mit Europa und Afrika um das Mittelmeer zu groß. Erst sehr viel später wurde das Größenverhältnis in den Weltkarten richtig dargestellt.

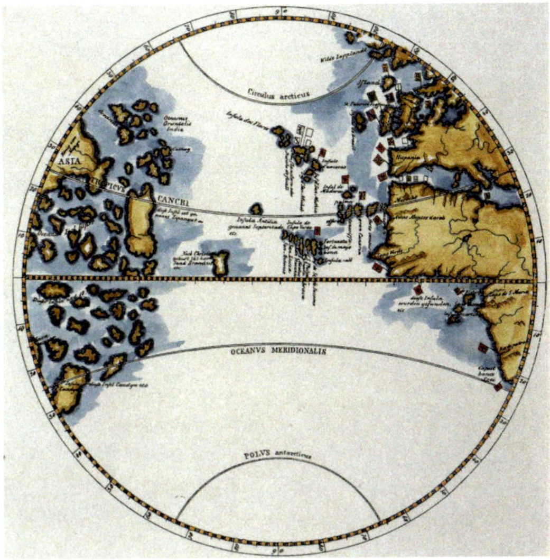

10 Ozeanseite auf dem Globus von Martin Behaim

Auch hier gilt die alte Regel: Nichts ist so erfolgreich wie der Erfolg. Kaum hat ihn Columbus, ergibt sich schon für die Vorgänge von Lissabon das entsprechende Szenarium. Hier das kühn in die Zukunft weisende Genie, dort ein arroganter Herrscher mit seinen schon leicht vertrottelten Beratern, allesamt mit knüppeldickem Brett vor dem Kopf.

Besonders durch Spanien hallte später das Gelächter: Sie selber hatten natürlich gleich erkannt, wer dieser Columbus war. Aber guckt euch nur die Dummköpfe drüben im Nachbarland an! Typisch Portugiesen! Hatten denn die Narren dort nicht gesehen, wie Recht der Mann hatte?

Sie sahen es nicht. Sie konnten es nicht sehen. Und sie hatten ihrerseits völlig Recht, wenn sie das von Columbus entworfene Unternehmen für undurchführbar hielten. Wenigstens im Prinzip.

Tausenderlei sprach dagegen, kaum etwas dafür. Nein, hier stand kein Genie Trotteln gegenüber, nur ein nicht einmal besonders zuverlässig informierter Utopist einer

Schar kühler Realisten. Nur kommt eben auch das vor: dass das letzte Wort der Utopist hat, nicht der Realist. Und in dieser einen Stunde entschied sich, dass nicht Portugal die kommende Weltmacht werden sollte.

Vielleicht nicht ohne Ironie, vielleicht eine Tragödie. Für Columbus war jedenfalls diese Zurückweisung ein fürchterlicher Schlag und viel schlimmer noch als der Tod seiner Frau im Jahr darauf. Er blieb mit dem fünfjährigen Sohn zurück, nahm den Kleinen an die Hand: Komm! Wir verlassen dieses Land.

Es wird ein Aufbruch in Eile, fast eine Flucht. Man weiß nicht recht, was Columbus treibt. Schulden, wie oft behauptet wird? Aber wofür hätte er denn so viel ausgegeben? Oder doch noch etwas anderes, Schlimmeres? Wird ihm gar die geheime Lektüre der Toscanelli-Unterlagen als Hochverrat angelastet?

Als er später nach Portugal kurz zurückkehren soll, muss ihm jedenfalls die Majestät freies Geleit zusichern, wie einem Verbrecher, dem sonst die Häscher auf den Fersen wären. Erst mal aber scheint er im gleichen Dunkel zu verschwinden, aus dem er neun Jahre zuvor aufgetaucht war.

Wie immer es um die tieferen Gründe dieses überstürzten Aufbruchs steht: Der Kolumbus, der im Frühjahr 1485 seine vorübergehende Wahlheimat Portugal wieder verlässt, ist nicht nur ein Getriebener, sondern ein eigentlich schon Gescheiterter, dazu mit seinen 33 Lebensjahren in damaliger Zeit ein fast schon alter Mann.

Nichts hat er erreicht. Er ist weder reich noch berühmt geworden, die halbe Zugehörigkeit zum Adel ist mit dem Tod der Frau erloschen, nicht einmal zu einer halbwegs soliden bürgerlichen Existenz hat er es gebracht.

Sein ganzes Kapital bleibt der Traum vom Großen Plan. An ihn klammert er sich wie einst der Schiffbrüchige an seine Planke. Und treibt damit, letzte aller Hoffnungen, der spanischen Küste zu. Ohne rechte Ahnung wohl, was ihn nun dort erwartet.

»Ein furchtbar schmerzhafter Kampf«

Wir wissen nicht, wie lange Columbus für die Reise von Portugal nach Spanien brauchte. Wir kennen auch die von ihm gewählte Route nicht. In jedem Fall dürfte es keine sehr lange Reise gewesen sein. Und doch scheint es, als würde in eben diesen Sommertagen 1484 der Mann aus Genua in eine völlig andere Welt überwechseln.

Lissabon hatte für Weltoffenheit, Zukunftsfreude gestanden, ein Schmelztiegel für Menschen, Rassen und Temperamente, über dem die maurisch-muselmanische Vergangenheit wie ein freundlich bunter Schatten aus sehr fernen Zeiten gebreitet lag.

Hier hatte die Neuzeit schon begonnen, während man sich in Spanien erst noch mühsam, gleichsam Schritt um Schritt die Vergangenheit samt aller mittelalterlichen Finsternis zu überwinden anschickte. Obwohl dieses spanische Mittelalter so finster nicht gewesen war und um einiges heller als manches, was die anbrechende Neuzeit noch bringen würde.

Runde achthundert Jahre lag es nun zurück, da von Nordafrika her mohammedanische Völkerscharen aus Syrien und Marokko, kurz »die Mauren« genannt, über die iberische Halbinsel hereingebrochen waren und hier ihr Reich errichtet hatten, mit dem Kalifat von Córdoba im Mittelpunkt. Es wurde nicht die schlechteste Zeit in der spanischen Geschichte.

Städte wurden geschaffen, architektonische Wunderwerke erbaut, Paläste, Gärten, Moscheen. Wissenschaften und Künste blühten. Auf den Märkten betrieben Mohammedaner, Christen und Juden einträchtig ihre Geschäfte, um sich danach in ebenso einträchtiger Nacktheit im milde parfümierten Wasser der Badehäuser einzufinden und sich kichernd daran zu ergötzen, dass der eine beschnitten war und der andere nicht. Es war Raum für alles und alle da.

Man schätzte sich gegenseitig, duldete einander. Das übrig gebliebene christliche Spanien, zunächst nur ein kümmerlicher Rest, duldete das hingegen nicht.

Fast so lang wie die 711 n. Chr. begonnene Geschichte des spanischen Maurenreiches war die seiner allmählichen spanischen Rückeroberung, der »Reconquista«, zunächst noch mehr der Guerillakampf einer kaum zählenden Minderheit. Doch weiteten sich die Stützpunkte der Reconquista mit der Zeit zu kleinen Königreichen aus.

Der Druck auf die Invasoren nahm zu. Immer mehr maurische Bastionen fielen, Sevilla, Toledo, Córdoba. Bis endlich als letztes maurisches Königreich Granada übrig war und das wohl noch eine Weile geblieben wäre, hätten nicht um 1469 die Spanier ihren eigentlich größten Feind halbwegs überwunden, ihre innere Uneinigkeit, die permanente Rivalität der Königreiche untereinander.

Denn in diesem Jahr 1469 reichte, ohne Liebe, aus kühlem Kalkül, Kastiliens neue Königin Isabella dem bisherigen heftigsten Rivalen die Hand zum Ehebund, dem

Isabella von Kastilien (1451–1504), Tochter des Königs Johann II. von Kastilien und einer portugiesischen Prinzessin, wurde nach dem Tod eines jüngeren Bruders rechtmäßige Thronerbin und heiratete 1469 – gegen den Widerstand des kastilischen Adels – den um ein Jahr jüngeren König Ferdinand von Aragón. Damit war die Grundlage für ein gesamtspanisches Königreich geschaffen. Als Isabellas Halbbruder König Heinrich IV. 1474 starb, konnte sie ihren Anspruch auf den Thron gegen andere Anwärter, darunter den portugiesischen König, erkämpfen. Danach wandte sie sich ihren beiden größten Aufgaben zu: Vollendung der Reconquista durch Eroberung Granadas sowie Behauptung Spaniens als See- und Entdeckermacht gegen den Rivalen Portugal.

11 König Ferdinand II. und Königin Isabella von Kastilien. Gemälde, 16. Jh.

König Ferdinand von Aragonien. Der Sieg über die Mauren wurde oberstes Programm. Alles andere, wie der Ausbau der Flotte zur mächtigsten der Welt sowie die Eroberung neuer Länder hinter den Meeren, kam erst weit dahinter und lief entschieden zögernder an als drüben in

Ferdinand von Aragón (1452–1516) wurde nach dem überraschenden Tod seines angeblich einem Giftmord erlegenen Halbbruders Karl Thronanwärter und übernahm 1479 nach dem Tod seines Vaters Johann II. die Herrschaft über Aragonien, nachdem er durch seine Heirat mit Isabella 1469 schon in Kastilien Mitregent geworden war. Nach dem Tod Isabellas im Jahr 1504 ging er eine weitere »politische Ehe« mit der Nichte des französischen Königs Ludwig XII. ein und bahnte mit der Eroberung des Pyrenäenkönigtums Navarra die Einigung ganz Spaniens an. Sein Enkel Karl (V.) wurde nach seinem Tod sein Nachfolger.

Portugal, wo die Entdeckung neuer Regionen an fremden Küsten schon in vollem Gange war.

König Ferdinand konnte das eher gleichgültig sein. Von Aragonien aus wurden die traditionellen Interessen im Mittelmeer wahrgenommen. Anders Isabellas Kastilien. Dort schwappte der Atlantik an die Gestade. Und dort war Portugal der zunächst noch übermächtige Konkurrent.

Zwar streiften bald auch spanische Schiffe die afrikanische Küste entlang, unterwegs zu afrikanischen Goldschätzen und dem immer einträglichen Sklavenfang. Am portugiesischen Hof merkte man auf und verbat sich eine solche Einmischung ins eigene Interessengebiet energisch. Schon drohte ein erster Kolonialkrieg europäischer Geschichte, und die erste Schlacht war schon geschlagen, als Isabella einen eiligen Rückzieher machen musste und 1479 im Vertrag von Alcacovas Afrika als alleinige portugiesische Interessensphäre festgelegt wurde.

Das wurde für Columbus Glück wie Unglück zugleich.

Unglück zunächst in Portugal: Dort war man nun ganz auf Afrika als mögliche Umsteigestation nach Indien konzentriert, und schon aus diesem Grund stieß der Große Plan des Columbus auf kein allzu lebhaftes Interesse. Sein Glück dann aber in Spanien: Auch dort grübelte man über einem möglichen Weg nach Indien und musste sich zugleich damit abfinden, dass der Weg über Afrika versperrt war. Wie nur aus diesem Dilemma herausfinden?

Neue Ideen brauchte das Land. Und da kam dann plötzlich die Kunde von einem Mann, der etwas von einem möglichen Seeweg direkt übers westliche Meer faselte. Klang auch alles ziemlich wirr und unwahrscheinlich, so konnte man sich doch immerhin einmal anhören, was dieser Wirrkopf zu sagen hatte. Narren sprechen oft die Wahrheit.

Wie hieß der Mann doch gleich? Christoph Columbus? Und wo hielt er sich gerade auf? In Huelva?

Columbus hatte nicht zufällig gerade diesen Hafen am Rio Odiel gewählt, ehemals Zentrum des spanischen

12 Columbus und sein Sohn Diego im Kloster La Rábida. Gemälde von Eduardo Cano da la Peña, 1856

Sklavenhandels und nun, nach dessen Zusammenbruch, ein verödetes Kaff. Aber zwei seiner Schwäger lebten dort, verheiratet mit Schwestern seiner verstorbenen Frau. Vielleicht, mochte er hoffen, dass sie sich seines fünfjährigen Sohnes Diego annahmen, während er weiterhin nach Förderern seines Großen Plans Ausschau hielt.

Der Verwandtenbesuch scheint auf keine große Gegenliebe gestoßen zu sein. Immerhin bekam Columbus in Huelva einen guten Tipp. Nicht weit von hier, wenig mehr als sechs Kilometer den Fluss hinunter, lag das Franziskanerkloster La Rábida. Die Patres dort waren für ihre vielfältige Wohltätigkeit bekannt, insbesondere unterhielten sie dort so etwas wie eine Internatsschule. Dort würde wohl der Bub Aufnahme und Fürsorge finden. Columbus machte sich auf den Weg.

Wieder malt die Columbus-Legende ihr rührendes Bild: wie da also, verstaubt, abgezehrt, nur noch müde und durstig, Vater und Sohn angezogen kommen, anklopfen, um ein Nachtmahl, ein Nachtlager bitten. Beides wird gewährt, und abends sitzt man in der Runde der Mönche. Columbus revanchiert sich für alle Gastfreundschaft mit dem einzigen, was er hat, mit seinen Plänen, seiner nie versiegenden Phantasie, und die frommen Väter, siehe, sie kichern nicht in sich hinein, sondern hören aufmerksam zu und scheinen am Ende gar so was wie überzeugt zu sein, vor allem zwei von ihnen.

Waren gleich beide unter den Zuhörern, kam der andere erst später dazu? Der Erste hieß jedenfalls Antonio de Marchena, kundig in Astronomie, ein Hobby-Sterngucker sozusagen, Prototyp des gebildeten Klosterbruders mit der unersättlichen Neugier und Wissbegierde des geborenen Renaissancemenschen. Ihm gesellte sich – gleich beim ersten Gespräch oder später erst nach Columbus' erstem Besuch bei Hof? – der Prior von La Rábida bei, Juan Pérez, und der, glücklicher Zufall, war mal ein Beichtvater der Königin Isabella gewesen.

Sie werden in dieser Zeit Columbus' zuverlässigste Freunde. Speziell Marchena wird er später als den einzigen bezeichnen, dem er außer Gott etwas verdanke, und La Rábida wird so etwas wie das Denklabor des »Großen Plans«, bei dem man schon bald zur wichtigsten Frage überwechselt: wie ihn denn nun verwirklichen und mit Hilfe welcher Sponsoren? Denn die, zahlungskräftig, einflussreich, wird man brauchen.

Wer aber kann der große Gönner sein?

Columbus steckt noch die rüde Abfuhr durch die portugiesische Krone in den Knochen. Nur nicht wieder Kampf mit irgendwelcher königlichen Bürokratie! Diesmal müsste es ein Privatmann sein, sehr reich, sehr mächtig, und so einen Mann gibt es. Er heißt Enrique de Guzman, ist Herzog von Medina Sidonia, der reichste aller Granden überhaupt mit riesigem Grundbesitz. Wenn einer ein solches Unternehmen finanzieren kann, dann er.

Der Herzog scheint interessiert, macht aber wieder einen Rückzieher. Die Gründe lassen sich nur vermuten.

Der nur allzu mächtige, überselbstbewusste Mann steht sich nicht sehr gut mit dem Königshaus. Das aber muss zu solchen Unternehmungen seine Erlaubnis geben. Der Herzog scheut die Bitte, mag jedoch ohne königliche Einwilligung gleichfalls nicht handeln. Also lässt er lieber die Finger von der sowieso nicht allzu erfolgversprechenden Sache.

Das gleiche Spiel beim nächsten möglichen Sponsor, dem Herzog von Medicaneli. Auch dieser Luis de Centa hört sich an, was Columbus zu sagen hat, scheint höchst angetan, weist ihm sogar eine Wohnung sowie ein kleines Gehalt an. Columbus meint bereits gewonnen zu haben.

Nicht ganz. Auch Medicaneli, angeblich schon mit dem Bau der erbetenen drei Karavellen beschäftigt, braucht die königliche Zustimmung, und anders als der aufbrausend arrogante Herzog von Medina Sidonia will er sie höflich erbitten. Boten werden nach Córdoba gesandt, wo sich die Majestäten gerade aufhalten. Auch Columbus, wohl von den Patres gedrängt, macht sich dorthin auf den Weg.

Er hat Pech. Das Königspaar, noch ohne feste Residenz – die wird der spanischen Monarchie erst Philipp II. achtzig Jahre später mit seinem steinernen Albdruck Escorial geben –, ist nach Madrid weitergezogen. Columbus wartet.

Er bleibt nicht untätig, knüpft interessante Bekanntschaften – und findet wieder eine Frau. Keine zum Heiraten. Beatriz Enriques de Harana, die er im Haus ihres Vetters kennen lernt, kommt vom Lande, ist Waise, bürgerlich von Geburt, ohne Beziehungen und Vermögen, mit ihren über zwanzig nicht mehr jung. So eine heiratet man nicht.

Aber Beatriz darf Geliebte des um fünfzehn Jahre älteren Columbus sein, gebiert ihm 1488 den Sohn Fernando, der später als Gralswächter und Andenkenbewahrer des Vaters eine wichtige Rolle spielen soll. Die Spur der Mutter verliert sich jedoch bald wieder. Ausgenutzt, abgetan. Kein seltenes Frauenschicksal in dieser Zeit. Immerhin wird Columbus sie in seinem Testament bedenken.

13 Columbus und seine Familie.
Englischer Stich, 1794

Viel wichtiger wird eine andere Frau für ihn, und das ist die Königin Isabella selbst, der er endlich im Mai 1485 gegenübersteht. Sind die beiden voneinander so fasziniert, wie gern behauptet wird?

Bald heißt es, nicht nur der Visionär, auch der Mann Columbus, nicht unstattlich trotz seines schon ergrauten Haars, mit hellem Blick im markant gefurchten Gesicht, hätte die Majestät beeindruckt. Wieder Kern einer hübschen Legende, diese Vorstellung von der Königin als der Geliebten des Entdeckers, für dessen Unternehmen sie später gar – weitere charmante Mär – ihren Schmuck geopfert haben soll.

Doch kann davon bei dieser ersten Begegnung noch keine Rede sein. Dort opfert sie weder Schmuck noch sonst irgendwas. Eigentlich verhält sich Isabella nicht anders als zuvor Portugals König auch. Sie verweist die ganze Angelegenheit an eine Kommission, wonach sie sich einer weit wichtigeren Beschäftigung zuwendet, dem Sturm auf Granada, bei dessen Belagerung sie den Schwur ablegt, das Hemd nicht zu wechseln, bis die Maurenstadt erobert ist. Und das sind dann die acht Monate, in denen sich das weiße Hemd – daher der Name – »isabellenfarben« eindunkelt.

Columbus sieht sich aber in kaum anderer Position als zuvor in Lissabon. Hier der Einzelkämpfer, der entflammte Amateur, dessen wichtigste Gabe der glühende Redestrom ist. Dort die Fachleute, die ihn aus kühlen Augen mustern, und der eine blickt besonders kühl, Hernando de Talavera, auch er einst Beichtvater der Königin, der die Majestät angeherrscht hatte, bei der Beichte gefälligst zu knien, schließlich spräche sie jetzt mit ihrem Gott. Später wird er erster Erzbischof im eroberten Granada sein.

Einer wie er, klug, kühl und selbstbewusst, misstraut schon aus Prinzip allem Übersteigerten, Maßlosen. Er hat es mehr mit der Vernunft als der Vision. Und auch Columbus' unverhohlene Besitzgier – immer wieder spricht er vom Gold, das zu holen sei – dürfte den persönlich bescheidenen Mann abgestoßen haben.

Er wendet sich den anderen zu, die meisten von ihnen Lehrer an der Universität zu Salamanca, einer der angesehensten überhaupt im damaligen Europa und auf einer Stufe mit denen in Bologna und Paris. Juristen sind darunter, Nautiker, Kartografen, Astronomen. Sie sind

Granada, wahrscheinlich eine phönizische Siedlung schon im 5. Jh. v. Chr., wurde 711 n. Chr. von den Mauren erobert, nachdem es zuvor unter römischer, vandalischer, oströmischer und westgotischer Herrschaft gestanden hatte, und war von 1238 bis 1497 Hauptstadt des Sultanats der Nasriden. In dieser Zeit entstand auch Granadas bedeutendstes Bauwerk, die Alhambra. Das islamische Erbe bewahrte sich im Stadtbild aller kirchlichen Versuche zum Trotz, die Erinnerung daran auszulöschen: 1499 fand auf Initiative des Erzbischofs von Toledo eine öffentliche Verbrennung islamischer Bücher statt, zugleich kam es zu einem Pogrom gegen alle Nichtchristen, dem das jüdische Viertel Granadas weitgehend zum Opfer fiel.

freundlich zu Columbus, hören zu, nicht alle stellen sich gegen ihn. Doch zu einem Schluss, gar zu einem positiven, finden sie nicht.

Wohl bald sechs Jahre zieht sich das hin, eine Zeit, die Columbus-Biograf Bartolomé de Las Casas als »furchtbar schmerzhaften Kampf« beschreiben wird, was zunächst wie eine dramatische Übertreibung klingt. Columbus muss schließlich nicht hungern und darben, er ist gut untergebracht, steht auf der Gehaltsliste der Königin.

Dennoch hat Las Casas Recht. Denn man denke: Hier zerrinnt einem schon nicht mehr jungen Mann die Zeit zwischen den Fingern. Wie lange hat er noch zu leben, was kann er überhaupt noch in der verbleibenden Spanne erreichen? Zugleich plagt ihn immerzu die Furcht, ein anderer könne den gleichen Gedanken haben wie er, würde an seiner Stelle den »Großen Plan« verwirklichen. Und als Krönung aller Qual dann der niederschmetternde Bescheid: Das Unternehmen Columbus ist abgelehnt.

Denn wenigstens drei Jahre, haben die Herren errechnet, würde allein schon die Hinfahrt dauern, und wie lange, wenn denn schon die Erde eine Kugel sei, solle es erst zurück dauern, da man dann doch praktisch bergaufwärts segeln müsse?

Die Mitglieder der Kommission waren nicht so gut informiert, wie es die Aufgabe erfordert hätte. Außerdem wollte der Admiral nicht alles enthüllen, was er wusste, weil er fürchtete, die Idee könnte ihm in Kastilien gestohlen werden. Er gab aber angemessene Antworten auf alle Einwürfe. Nur: Je schlagender seine Argumente waren, desto weniger verstanden ihn diese Ignoranten. Denn wenn ein Mann, der wenig Ahnung hat von Mathematik, auch noch ein höheres Alter erreicht, ist er einfach nicht mehr in der Lage, die Wahrheit zu erkennen, weil sich der alte Unsinn so fest in sein Hirn eingebrannt hat.

Fernando Columbus, Das Leben des Columbus

Gute, klare Argumente. Columbus ist machtlos gegen sie. Auch in Spanien ist er also gescheitert. Und war schon vorher bereit, nach jedem Strohhalm zu greifen.

Ein Brief trifft ein, ausgerechnet aus Portugal und vom König selbst, der den eben noch so schnöde abservierten Columbus zur nicht geringen Überraschung aller zu seinem besten Freund erklärt, und ob er denn nicht mal wieder zu traulichem Gespräch nach Lissabon kommen wolle, freies Geleit sei ihm sicher.

Seltsamer Gesinnungswandel! Was steckt dahinter?

Weiterhin hatte man in Lissabon der Vorstellung eines Weges nach Indien über Afrika nachgehangen. 1487 war Bartolomeo Diaz, guter Freund des Martin Behaim, mit drei Schiffen aufgebrochen, diese Route zu erkunden.

Die Reise zog sich hin. Diaz schien nicht wiederzukehren. Der König wurde unruhig. Am Ende waren doch alle Überlegungen in dieser Richtung falsch! Vielleicht hatte gar dieser Spinner vor drei Jahren Recht gehabt, der den Weg direkt übers Meer vorschlug.

Also denn: königliches Wohlwollen, erneute Überprüfung der schon abgelehnten Vorschläge, Columbus atmet auf. Es muss also nicht dieses störrische, rückständige Spanien sein. Doch gleich sinken alle rasch entflammten Hoffnungen wieder in sich zusammen.

Es ist nun das Jahr 1488. Im Lissabonner Hafen läuft ein Schiff ein, an Bord ein strahlender Bartolomeo Diaz. Er

Bartolomeo Diaz (um 1450–1500), ein Freund von Martin Behaim und nach Columbus und Vasco da Gama die dritte große Entdeckerpersönlichkeit seiner Zeit, umsegelte 1487/88 das Kap der Guten Hoffnung (das er »Kap der Stürme« nannte) und bestätigte damit, dass hinter Afrika »noch anderes« kam. Er begleitete auch Vasco da Gama auf seiner ersten Indienfahrt und starb auf einer weiteren Entdeckungsreise an dem von ihm als Erstem umfahrenen Kap.

hat es geschafft, hat Afrika, das spätere »Kap der Guten Hoffnung«, das er noch »Kap der Stürme« nennt, umschifft. Und wäre noch weitergesegelt, hätte ihn nicht seine Mannschaft zur Umkehr gezwungen.

Fest steht jedoch: Es geht über Afrika hinaus, der Weg nach Indien zeichnet sich jetzt ab. Jubel in Portugal. Und die Rückbesinnung auf Columbus' Vorstellung ist gleich wieder vorbei. Er ist also gewissermaßen ein Opfer des Triumphs von Diaz. Aber eigentlich, sieht man genauer hin, gehört er zu seinen Gewinnern.

Denn auch in Spanien schreckt man hoch. Die Nachbarn drüben in Portugal könnten also bald schon in Indien sein. Höchste Zeit also, nach einem eigenen Seeweg zu suchen, und warum nicht in der Art des Großen Plans? Eigentlich ist damit schon die Entscheidung zugunsten Columbus' gefallen. Doch das kann er selbst nicht wissen.

Weiterhin sitzt er der Kommission von Salamanca gegenüber, weiß, dass er bei den hochgelehrten Herren, die nur Logik gelten lassen und sonst nichts, längst verloren hat, beugt sich abends über die Europa-Karte. Welche Mächte, außer Spanien und Portugal, hätten vielleicht Interesse?

England möglicherweise, noch der Geheimtipp unter den europäischen Mächten, das Reich an der Peripherie, dessen künftige Bedeutung zu dieser Zeit allenfalls erahnt werden kann. Und dann, keine eigentliche Seemacht, aber schon mehr im Zentrum, Frankreich.

Bruder Bartolomeo wird ausgeschickt. Er soll die Chancen erkunden. Gleich die England-Visite, so sie überhaupt stattgefunden hat, wird eine Pleite. König Heinrich VII., erster Tudor auf dem Thron nach allen »Rosenkriegen« der Häuser York und Lancaster, versteht gar nicht, was dieser nur ein paar Brocken Englisch sprechende, wild mit allerlei Seekarten herumfuchtelnde Mann aus Portugal will, und der Besuch verläuft so ergebnislos, dass ihn keine offizielle Chronik verzeichnet.

Anders die (belegte) Reise nach Frankreich. Dort gibt sich zwar am Hof zu Fontainebleau der junge König

Karl VIII. kaum weniger ignorant als auf der anderen Seite des Kanals sein britischer Kollege. Aber er hat eine ältere Schwester, Anne de Beaujeu, die sich etwas beeindruckter zeigt. An Bruder Christoph geht die Nachricht, Frankreich könne möglicherweise das richtige Terrain für alle Pläne sein.

Glaubt Columbus das, will er Spanien verlassen und nach Frankreich überwechseln? Jedenfalls finden wir ihn 1491 – die Kommission hat inzwischen ihr vernichtendes Urteil gefällt – in La Rábida wieder, wohl um Abschied von seinem Sohn zu nehmen.

Aber auch Prior Pérez ist zugegen, und er scheint weniger mutlos zu sein als Freund Columbus, fleht ihn wohl an, wenigstens noch eine kleine Weile an seinem Plan festzuhalten, ihm noch eine kleine spanische Chance zu geben. Er selbst würde sich um eine neuerliche Audienz bei der Königin bemühen, die inzwischen mit ihrem 250 000 Mann starken Heer die Belagerung von Granada aufgenommen hat.

Und siehe da: Prompt trifft eine Einladung der Königin nach Santa Fé ein, der vor Granadas Mauern hastig hochgezogenen Steinstadt, nachdem eine Feuersbrunst das ursprüngliche Zeltlager zerstört hatte. Mehr noch: In ihrer Güte hat Isabella, obwohl selbst so gut wie pleite, Geld für ein Reittier und etwas anständige Kleidung beigefügt.

Wieder sehen wir Columbus unterwegs, im siebten Jahr nun schon seit der Ankunft in Spanien.

Zunächst scheint alles wie beim ersten Mal zu laufen. Wieder wird die Angelegenheit an eine Kommission ver-

> … ein mit scharfer Klinge geführter Kampf hätte nicht so unerbittlich und grausam sein können wie jenes unablässige Ringen mit den vielen Menschen, die er überzeugen sollte, ohne dass sie ihn verstanden, die sich aber anmaßten, alles besser zu wissen: jener stille Kampf mit den zahlreichen Gegnern, denen er geduldig antworten musste.
>
> *Bartolomé de Las Casas*

14 Columbus am königlichen Hof in Santa Fé. Holzstich nach einem Gemälde von Wenzel von Brozik, 1884/1885

wiesen. Sie aber – ein erster gewaltiger Fortschritt – berät nun nicht mehr, ob man das Unternehmen überhaupt wagen soll, sondern schon, wie es stattfinden könne, und in diesem Zusammenhang stellt sich denn auch die Frage: Wie denkt sich denn der Herr Columbus eigentlich die eigene Entlohnung?

Wenn sich je der Spruch bewahrheitet hat, ein jeder Mensch hätte einen schlimmen Feind, nämlich sich selbst, dann hier. Denn kaum fühlt Columbus halbwegs sicheren Boden unter den Füßen, erwacht auch wieder der alte Bramabas, und er fordert, was er schon in Portugal gefordert hatte, um jetzt ähnlich kräftig anzuecken: Erhebung in den Adelsstand, Ernennung zu Admiral und Vizekönig, satte Beteiligung an allen Gewinnen …

Seine Großmäuligkeit geht in gellendem Triumphgeschrei unter: Granada ist besiegt. Am 2. Januar 1492 findet die Übergabe statt, Isabella und Ferdinand dürfen sich auf einer ersten Höhe allen Glanzes fühlen, werden sich nun, wie ihnen zwei Jahre später der Papst bestätigt, »Katholische Majestäten« nennen, die eilends daran gehen, das Christentum in ihrem Sinn mit aller Konsequenz durchzusetzen.

Im Schatten ihres Sieges schleicht sich aber Columbus davon, ein weiteres und endgültiges Mal abgewiesen, mit der reichlich vagen Hoffnung Frankreich im Herzen, ein wiederum Gescheiterter, dessen Biografie von nun an eine schier endlose Irrfahrt von Hof zu Hof werden könnte. Immer neue Bitten, immer neue Absagen, bis man endlich den Greis im Dunkel irgendeiner Kaschemme in sein Schnapsglas schniefen hört: Und es gibt ihn doch, den Seeweg nach Westen.

Es kommt anders. Es geschieht ein Wunder. So muss man schon nennen, was wider alles Erwarten, gegen jede Wahrscheinlichkeit im Frühjahr 1492 geschieht. Und so wundersam ist der Vorgang, dass hier wohl ein wenig romanhafte Ausschmückung gestattet ist.

Sehen wir also unseren Columbus, mal wieder gebeutelt, gedemütigt, wie er auf elender Mähre die Landstraße entlangzockelt, nach Frankreich oder sonstwohin, nur fort, endlich fort aus diesem verdammten Spanien, das ihm nur Zeit geraubt und nichts gegeben hat. Eine müde Staubwolke zeichnet seinen Weg.

In ihm nichts als tiefstes Schwarz, trübe Gedanken, nackte Verzweiflung. So kommt er an einen Fluss, würde sich wohl am liebsten hineinstürzen. Was soll er noch, der ewige Versager, auf dieser Welt?

Der König und die Königin gingen… mit königlicher Pracht geschmückt, und da sich beide noch in der Blüte des Lebens befanden und sie eben diese ruhmvolle Eroberung vollbracht hatten, schien eine noch höhere Majestät als gewöhnlich sie zu umstrahlen. Einander selbst gleich, standen sie weit höher als die ganze übrige Welt. Sie erschienen wirklich höher als Sterbliche und als wären sie zum Heil Spaniens vom Himmel gesandt worden.

Zeitgenössischer Geschichtsschreiber (nach William Prescott)

Doch da: Hufgetrappel! Ein Reiter naht. Vielleicht ein Räuber? Nein, ein Bote des Königshofes, dazu noch auf schnellstmöglichem Ross. Und er bringt eine Nachricht, mit der Columbus am wenigsten rechnet. Eilends soll er zurück nach Granada eilen, die königlichen Herrschaften erwarteten ihn sehnsüchtig, und alles würde gut …

Ein Wunder, wie gesagt. Es trägt einen Namen: Luis de Santángel, Pächter der Steuer und Zolleinnahmen von Valencia, dazu Verwalter der königlichen Privatschatulle. Und noch etwas ist er, was jetzt wieder die von Madariaga und Wiesenthal verfochtene These vom Judentum Columbus' interessant macht. Santángel ist ein »Converso«. Ein Marrane. Ein getaufter Jude.

Aufbruch ins Gelobte Land?

Dieses Jahr 1492, zu dessen Beginn der letzte Maurenherrscher Boabdil tränenvoll auf sein verlorenes Paradies rund um die Alhambra zurückstarrte und von seiner Mutter angefahren wurde: »Beweine nicht wie ein Weib, was du als Mann nicht verteidigen konntest«, war in gleich dreifacher Hinsicht ein spanisches Schicksalsjahr, mit dem Fall Granadas am Anfang und der Entdeckung Amerikas am Ende.

Dazwischen fand aber noch etwas anderes, ähnlich Folgenschweres und Schlimmeres statt, die Vertreibung aller Juden auf königliches Geheiß am 2. August, gleichsam ein vorläufiger Schlussstrich unter eine sich schon seit zwei Jahrhunderten anbahnende Entwicklung, die Spanien seine besten Ärzte, Wissenschaftler, Unternehmer und Verwaltungsfachleute kosten sollte – und seine besten Kartografen auch, gleichfalls eine erst von Juden zur höchsten Blüte gebrachte Kunst.

Immer waren die spanischen Juden etwas Besonderes gewesen und hätten sich, mit kleiner Ironie, als Spaniens eigentliche Urbevölkerung bezeichnen können. Denn bereits mit den Phöniziern dürften die ersten auf die iberi-

15 Boabdil übergibt nach der Niederlage Granadas die Schlüssel der Stadt. Relief von Rodrigo Aleman, Ende 15. Jh.

sche Halbinsel gekommen sein, zäh und tapfer hatten dann sie und ihre Nachkommen alle Invasoren überstanden, die Goten, die Mauren, unter denen es ihnen noch am besten ergangen war.

Doch weitere grimmige Ironie: Eifrigst unterstützten gerade Juden als Geldgeber die christliche Reconquista, die ohne ihre Finanzspritzen wahrscheinlich gar nicht hätte stattfinden, zumindest nicht hätte erfolgreich sein können, und die Christen dankten es auf ihre Art.

Im ausgehenden 14. Jahrhundert war es zu den ersten ganz schlimmen Judenverfolgungen gekommen, und das war die Zeit, da sich vielleicht die Vorfahren des Kolumbus nach Italien geflüchtet hatten. Andere blieben, viele ließen sich taufen. Das Misstrauen blieb, und Neid kam noch hinzu. Feierten diese »conversos«, die meisten reich an Geld und Einfluss, nicht noch immer heimlich ihren Sabbat, beteten zum Gott ihrer Väter, nahmen nur koschere Speisen zu sich? Waren das wirklich Christen und nicht eher Gotteslästerer, Glaubensfeinde, Ketzer?

Die Zeit großer Schnüffelei setzte ein, des Denunziantentums und wechselseitigen Diffamierens.

Die spanische Inquisition entstand und erhielt 1478 mit Tomas de Torquemada den fürchterlichsten aller Großin-

Im Jahr 1215 befahl das Vierte Laterankonzil den Juden, eine Erkennungsmarke zu tragen, die sie von den Christen unterscheiden sollte. Als man die päpstliche Anordnung durchführen wollte, brachen in den spanischen Ghettos Aufstände aus, und wichtige jüdische Persönlichkeiten drohten damit, nach den maurischen Gebieten auszuwandern, die damals noch ausgedehnt und wohlhabend waren. König Ferdinand III. und der Erzbischof von Toledo beschworen den Papst, den Beschluss des Konzils für Kastilien aufzuheben, weil das königliche Einkommen zum größeren Teil aus jüdischen Quellen stammte. Papst Honorius III. entsprach dem Wunsch im Jahr 1219, um dem König schwerwiegende Konflikte zu ersparen.

Americo Castro, Spanien – Vision und Wirklichkeit, 1957

quisitoren, jüdischer Abstammung auch er, und das war dann eine andere Folge der Zwangsbekehrungen: dass sich gerade die Renegaten als die wildesten Antisemiten gebärdeten.

Die ambulanten Inquisitionsgerichte zogen durchs Land, nicht heimlich und bei Nacht, nein, so laut und öffentlich wie möglich, auf dass ein jeder Zeuge werde, wie man mit Ketzern umsprang. Es wurde nur angeklagt, nie verteidigt, immer geurteilt und meistens verurteilt. Am Ende stand das Autodafé, das Glaubensgericht. Die Scheiterhaufen qualmten, in ihrem Rauch erstickte das Schmerzensgebrüll der gemarterten Opfer. Allein in Sevilla, Torquemadas Hauptquartier, gingen siebenhundert diesen Weg.

Auch jener Luis de Santángel hatte schon vor den Schranken der Inquisition gestanden. Er hatte Glück, kam davon, erhielt gar einen Schutzbrief des Königs, der auf seines »guten Aragonesen« Verdienste um die königliche Privatschatulle nicht verzichten wollte.

Aber Santángel hatte andere seiner Familie auf dem Schafott enden sehen, und jetzt, in den 80ern, gingen weitere schreckliche Gerüchte um. Bald schon, der Klerus drängte, sollten alle Juden außer Landes getrieben werden.

Im Kampf gegen Glaubensrichtungen wie Waldenser, Albigenser oder Katharer (= »Ketzer«) entstand im 13. Jahrhundert die **Inquisition** (lat. »Untersuchung«), die 1231/32 unter Papst Gregor IX. zu einer zentralen päpstlichen Behörde wurde. In der Folge waren Frankreich, Italien und schließlich Spanien Hochburgen der Ketzerverfolgung, in Spanien wurde die Inquisition 1478 zu einer staatlichen Einrichtung unter einem Großinquisitor, die besonders Marranen (getaufte Juden), Morisken (getaufte Mauren) und später Protestanten verfolgte. Das letzte Autodafé (»Glaubenstat«: inquisitorischer Strafvollzug) fand noch 1834 statt.

16 Inquisitionsgericht. Gemälde von Pedro Berruguete, um 1495

Die Majestäten gaben sich zögerlich. In Zeiten, da der Adel zu tief in seine Kriegsgeschäfte verwickelt, das gemeine Volk zu ungebildet war, hohe Ämter auszufüllen, brauchten sie die Juden in der Verwaltung, in allen Geldgeschäften, und außerdem ging der Kampf gegen die Mauren vor. Erst mal, so ihre Standard-Ausrede, musste Granada fallen.

Granada fiel. Columbus durfte gerade noch Augenzeuge des farbenfrohen Einzugs sein, dann reiste er ab, wohl Frankreich entgegen. Das wurde Santángels Stunde.

Man weiß nicht, wie eng die Verbindung zwischen den Männern zuvor gewesen war. Man wird sich gekannt, miteinander gesprochen haben, wie bei Hofe jeder jeden kennt und mit jedem mal spricht. Jetzt aber hätte sich Columbus keinen eifrigeren Anwalt seiner Ideen wünschen können als gerade diesen Mann, und auf König wie Königin ging ein wahrer Schwall scharf durchdachter Argumente nieder.

Was sie denn schon bei Columbus' Plänen riskierten, wie riesig der Nutzen gegenüber dem Risiko wäre, und was Columbus' Forderungen anging, nun ja, die würden doch erst bei Erfolg fällig werden. Bis dahin waren es gerade mal die Titel »Don« und »Admiral«, die ihm zuzusprechen wären, eine belanglose Formsache, die kein Kupferstück kostete. Wie aber – das vor allem mögen die königlichen Herrschaften bedenken –, wenn ein anderer, gar ein Portugiese, auf die gleiche Idee wie ein Columbus käme und sie erfolgreich realisierte? Der Vorsprung beim Wettlauf um die Welt würde nie mehr einzuholen sein.

Allein dieser Gedanke, so abwegig nicht, mochte das königliche Paar aus aller abwägend zurückhaltenden Skepsis aufgescheucht haben. Aber die Kosten, lieber Freund Santángel! Unsere Kassen sind leer, der Krieg gegen die Mauren hat die letzten Reserven verschlungen …

Santángel zückt nun seinen stärksten Trumpf. Wenn es denn einzig daran liege: Er selbst würde das Unternehmen gleichsam vorfinanzieren und den größeren Teil vorstrecken, weitere Mäzene dürften sich finden. Und diesem Argument können auch König und Königin nicht länger standhalten: Aller Ruhm für die Krone, und das praktisch gratis …

Der schnellste Bote eilt davon. Er soll Columbus zurückholen, aber rasch! Das Wunder ist geschehen.

Bleibt die Frage, was gerade Santángel zu seinem Engagement bewogen hat. Geniale Einsicht, Spürsinn, Lust am Risiko? Alles möglich. Pures Wohlwollen für Columbus? Schon schwerer vorzustellen. Aber da wäre noch die

> Columbus habe sich ausbedungen, Gouverneur oder Vizekönig in diesen Ländern zu werden, die er für die spanische Krone in Besitz zu nehmen gedachte. Damit öffnete sich für die Juden eine Perspektive eines Auswanderungslandes, eine Möglichkeit, dem Druck der Kirche auszuweichen. Wenn sie in Columbus einen Converso oder einen Marranen sahen, dann schien ihnen diese Erwartung und Hoffnung als vollauf berechtigt.
>
> *Simon Wiesenthal, Segel der Hoffnung, 1972*

drohende Vertreibung der Juden, nach Granadas Fall schon fest beschlossene Sache und nur noch eine Frage der Zeit.

Luis de Santángel, der getaufte Jude, der bei Hofe ein und aus geht, weiß das natürlich. Er will den einstigen Glaubensgenossen helfen, das lässt sich nachvollziehen. Und hier setzt Simon Wiesenthals Theorie ein.

Zum jüdischen Weltbild gehört nun mal der feste Glaube ans Gelobte Land hier auf Erden, nicht erst in einem nebulösen Jenseits. Und grassieren nicht lange schon Legenden von bereits vorhandenen jüdischen Staaten irgendwo hinter den Meeren? Jetzt fehlt nur noch der Moses, der die Kinder Israel dorthin führt oder wenigstens den Weg in dieses Land erkundet. Warum aber sollte dieser Moses nicht Christoph Columbus heißen?

Die Zeit drängt. Die Judenvertreibung steht bald an. Also kein Aufschub mehr! Der zurückgeholte Columbus setzt sich an den Verhandlungstisch, ihm gegenüber Juan de Coloma, Sekretär des Königs, »converso« auch er.

Das heißt: Nicht Columbus selbst sitzt ihm diesmal gegenüber. Sicherheitshalber, wohl um ein Fiasko wie beim letzten Mal zu verhüten, hat dort Juan Pérez Platz genommen, der Prior und treue Freund aus La Rábida. Wochen gehen dahin, der Kampf um die Bedingungen ist lang und zäh. Aber am Ende sind alle Forderungen von Columbus erfüllt.

Am 30. April 1492 kann der hintersinnig mit »Capitulación« überschriebene Vertrag zwischen Krone und Entdecker unterzeichnet werden. Columbus ist nun doch noch ans Ziel gekommen. Endlich. Jetzt auf zur Reise in den Westen!

Doch bleiben wir noch einen Augenblick bei Wiesenthals Vermutung, der »Große Plan« sei wenigstens in dieser letzten Phase eine Aktion zur Rettung der spanischen Juden gewesen und Columbus selber Jude. Er hätte also gleichsam in eigener Sache oder wenigstens in Solidarität mit dem eigenen Volk gehandelt.

Denkbar ist es. Ebenso denkbar bleibt aber auch, dass

der bei seinen Überredungsmanövern nie zimperliche Mann jedem, mit dem er gerade sprach, nach dem Munde geredet haben könnte.

Der Königin hatte er etwas von einem neuen Kreuzzug zur Befreiung von Christi Grab aus der Heiden Hand vorgeschwärmt, der mit dem Gold aus Übersee zu finanzieren wäre – und welcher christliche Herrscher hätte nicht solchen Träumen nachgehangen? Santángel aber könnte er etwas von einem denkbaren Judenstaat hinter

Es ist unser Vergnügen und Wille, dass Ihr, der genannte Cristoforo Colón, nachdem Ihr die genannten Inseln und Festlande oder eines von ihnen entdeckt und erobert habt im ozeanischen Meer, unser Admiral der genannten Inseln und Festlande sein sollt; und dass Ihr unser Admiral und Vizekönig und Gouverneur seid, und dass Ihr Euch künftig Don Cristoforo Colón nennen und titulieren könnt; und dass desgleichen Eure Söhne und Nachfolger sich Don und Admiral heißen und benennen können, und Vizekönig und Gouverneur; und dass Ihr das Amt eines Admirals ausüben und erfüllen könnt, ebenso wie auch das Amt des Vizekönigs und Gouverneurs der genannten Inseln und Festlande, die Ihr entdecken und erobern werdet, wie auch eure Stellvertreter, und anhören und entscheiden sollt alle zivilen und kriminellen Prozesse, die das Amt der Admiralschaft berühren und das des Vizekönigs und Gouverneurs, wie Ihr es für Recht halten werdet, und wie unsere Admirale unserer Königreiche die Gewohnheit haben, es zu gebrauchen und auszuüben; und dass Ihr strafen und züchtigen könnt die Missetäter; und in der Eigenschaft als Admiral und Vizekönig und Gouverneur handeln könnt eurem Amte gemäß, Ihr und Eure Stellvertreter, in allem, was die genannten Ämter und jedes einzelne von ihnen angeht; und dass Ihr innehabt und wahrnehmt die Rechte und den Lohn, die mit den genannten Ämtern und jedem einzelnen von ihnen verknüpft sind gemäß dem und wie sie wahrnehmen und es die Sitte ist wahrzunehmen unser Großadmiral in der Admiralschaft unserer Königreiche.

Aus der königlichen Bestätigung der »Capitulación de 1492« am 30. April

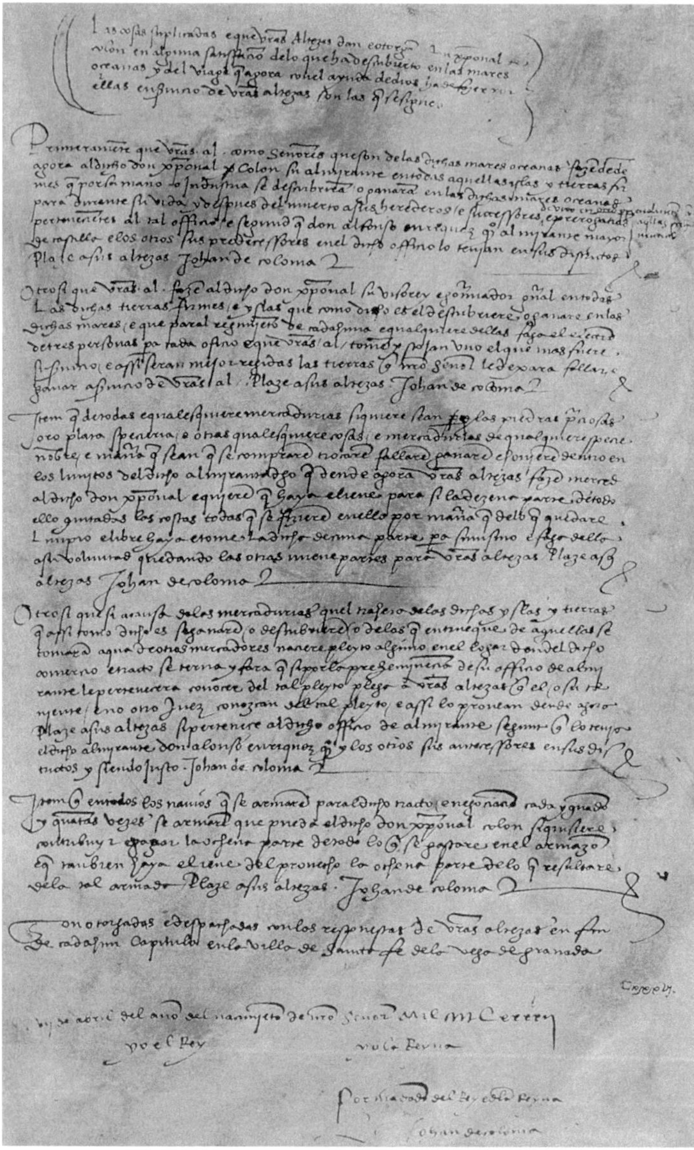

17 Der Vertrag von Santa Fé über die »Entdeckung von Inseln und Festlanden im Ozeanischen Meer«

dem Ozean vorgegaukelt haben, um ihn so auf seine Seite zu ziehen. Dafür musste er selbst kein Jude sein.

Wie auch immer: Sowenig es für die Entdeckung Amerikas wichtig ist, ob Columbus Jude war oder nicht, so braucht uns eigentlich auch nicht der mögliche tiefere Sinn seines Unternehmens zu interessieren. Wenigstens entscheidet er nicht über den Ausgang des Entdeckungsabenteuers.

Denn das Gelobte Land wurde auf dieser Reise ebenso wenig gefunden wie der erhoffte Seeweg nach Indien, und in Spanien, wo am 31. März 1492 das Vertreibungsedikt unterzeichnet wurde, übrigens vom gleichen königlichen Sekretär Juan de Coloma, der Columbus' Verhandlungspartner gewesen war, saßen die Juden angstvoll auf ihren gepackten Bündeln, verschleuderten alle feste Habe und überlegten verzweifelt, wohin sie sich denn nun – gute Spanier, die sie waren, mit Spanien als Heimat seit Generationen – um Himmels Willen flüchten sollten. Für sie war noch lange kein Gelobtes Land in Sicht.

Den Columbus dieser Wochen treiben andere Sorgen um. Er hat seinen Vertrag, einen Reisepass sowie – man kann nie wissen – einen Brief der spanischen Königin an Kublai Khan, den Herrscher Chinas. Er hat aber noch nicht die erwünschten drei Schiffe. Zwei davon soll die Krone stellen, nur hat sie kein Geld.

Nun verfügen aber Monarchen über noch andere Mittel. So auch hier. Und den Herrschaften am Hof fällt eine alte Rechnung ein, die sie mit dem nicht weit von Huelva am Rio Tinto gelegenen Hafenstädtchen Palos zu begleichen haben.

> Wir haben beschlossen, unseren edlen Kapitän Christophorus Colón zu Euch zu entsenden, um Euch kund tun und wissen zu lassen, dass wir uns guter Gesundheit und besten Ergehens erfreuen.
>
> *Königin Isabella an Kublai Khan, 1492*

So ganz klar ist nicht, was die Menschen dort ausgefressen haben könnten, etwas Piraterie vielleicht oder Strandräuberei oder irgendwelche Schmuggelgeschäfte. Jedenfalls wäre eine saftige Geldstrafe fällig, würde man nicht Gnade vor Recht ergehen lassen und es bei der Verfügung belassen, dem Herrn Columbus zwei Schiffe für wenigstens ein Jahr zur Verfügung zu stellen. Am 23. Mai verliest der Notar Francisco Fernandes diese königliche Bestimmung in der Kirche San Jorge von Palos.

Die Menschen murren, aber sie fügen sich. Zwei Schiffe werden bereitgestellt, die »Pinta« und die »Niña«, das kleinste, schnittigste und eigentlich Columbus' Lieblingsschiff, das sich in der Folge als das seetüchtigste erweist. Doch eben zu klein für den künftigen Herrn Großadmiral der Weltmeere. Columbus hält nach einem angemesseneren Schiff Ausschau.

Er steht am Hafen von Palos. Hier war er sieben Jahre zuvor in Spanien an Land gegangen, bevor es nach Huelva und La Rábida weiterging, mit kaum mehr als seinem »Großen Plan« im Gepäck. Jetzt also schließt sich der Kreis, und zweierlei Perspektive öffnet sich.

Er wird Erfolg haben. Das bedeutet Ruhm, Reichtum, ja, die Unsterblichkeit. Oder er scheitert. Dann nimmt ihn endgültig das gleiche Dunkel wieder auf, aus dem er einst gekommen war.

Alldieweil wir nun Cristóbal Colón als unseren Kapitän befohlen haben, sich mit drei carabelas de armada aufzumachen nach jenen Regionen des Weltmeeres, wo er gewisse Aufträge in unseren Diensten ausführen soll, und da wir wünschen, dass er die beiden genannten Karavellen, die ihr in unsere Dienste zu stellen habt, mit sich führt, gebieten wir Euch hiermit, innerhalb von zehn Tagen nach Empfang dieses unseres Schreibens zwei ausgerüstete Karavellen fertig und bereit zu halten gemäß dem verkündeten Urteilsspruch.

Aus dem königlichen Schreiben an die Stadt Palos

18 Die Karavelle »Santa María«. Illustration aus der lateinischen Erstausgabe von ›Epistola Christofori Colom: de Insulis Indie … inventis‹, Rom 1493

Sein Blick geht hinaus auf den Rio Tinto. Dort dümpelt ein Schiff, schwerfällig, rundbäuchig. Wohl hundert Tonnen mag es haben, keine leichtgewichtige Karavelle wie die beiden anderen und so schwer wie die zwei zusammen, ein richtiges »Vollschiff«. »La Gallega« heißt es, nach seiner galizischen Herkunft. Columbus wird es chartern, daraus seine »Santa María« machen, das Flaggschiff seiner kleinen Flotte. Aber woher nimmt er nur das Geld?

Nicht von Santángel. Ein anderer Sponsor steht im Hintergrund, ein Landsmann im weiteren Sinn, der aus Venedig stammende Italiener Gianotto Berardi, in Sevilla Repräsentant des in ganz Europa mit Niederlassungen vertretenen Hauses Medici, Spezialist für Sklavenhandel, dieses seit dem portugiesischen Afrika-Monopol sehr erschwerte und verteuerte Geschäft.

Möglich nun, dass dieser Herr Columbus aus neu entdeckten Ländern billigere Menschenware auf den Markt bringt, und das ist dann dem Herrn Berardi eine halbe Million Maravedis wert, jene unter König Ferdinand auf den Markt gekommenen Kupfermünzen, deren drei einen Real, ein Goldstück, aufwiegen und einer – sofern die unterschiedliche Kaufkraft überhaupt einen Vergleich erlaubt – ungefähr heutigen zehn Cent entspricht.

Eine reichlich trübe Quelle also, aus der sich die Entdeckung Amerikas speist. Doch gilt auch hier: Geld stinkt nicht. Und insgesamt hat Columbus runde zwei Millionen Maravedis zur Verfügung, mehr als die Hälfte dürfte von Santángels Vorschusskredit kommen. Für die Besatzung steht davon eine Viertelmillion zur Verfügung.

Columbus hat das Geld. Aber er hat damit noch keine Besatzung. In Palos, wo man voll Wut auf diesen Herrn starrt, dem man eben zwei der schönsten Schiffe opfern musste, stellt man sich taub gegen alle Anheuerversuche, und so verzweifelt soll Columbus schließlich gewesen sein, dass er bereits Kettensträflinge aus dem Gefängnis anzuwerben gedachte, Verbrecher, die sich nur so vor der schon sicheren Hinrichtung retten konnten.

Wieder nur ein Gerücht. Am Ende sind es gerade vier Kerkerinsassen, die sich so ihre Freiheit erkaufen, ein Totschläger namens Bartolomeo de Torres und drei seiner

> Die Wohn- und Lebensbedingungen an Bord waren primitiv. Die einzige Kochgelegenheit bestand in einem offenen Feuerkasten, den eine Rückwand gegen den Wind abschirmte ... Es wird wohl Schlafkojen für Kapitän, Profos, Rechnungsführer und andere hohe Herren gegeben haben. Für Vollmatrosen, Leichtmatrosen und Soldaten gab es keine Schlafplätze an Bord. Sie legten sich einfach irgendwohin, bei gutem Wetter auch an Deck.
>
> *Samuel E. Morison, Admiral des Weltmeeres, 1948*

19 Columbus bricht von Palos auf. Kupferstich, Venedig 1621

Freunde, die ihm, offenbar vergeblich, bei seiner Flucht zu helfen versucht hatten. Die übrige Mannschaft bilden gestandene Seeleute, und wieder einmal hat sich für Columbus einer der für ihn so typischen Glücksfälle im allerletzten Augenblick ereignet.

La Rábida ist nicht weit, und schon dort dürfte ihm gelegentlich ein guter Freund des Priors begegnet sein, Martin Alonso Pinzón. Die Pinzóns sind nicht irgendwer in der Gegend um Palos und Huelva. Sie sind die reichste und mächtigste Sippe weit und breit, eine Reederdynastie mit Martin Alonso Pinzón an der Spitze.

Ein gescheiter Mann, keine Abenteurernatur, theoretisch wie praktisch in der Seefahrt bewandert. Er hat Nautik studiert und auch schon eigene Schiffe geführt, also etwas, das Columbus immer nur von sich behauptet.

Also wieder die vertraute Konstellation: hier der Fachmann, dort der Autodidakt. Hier der nüchterne Pragmatiker, dort der schwärmerische Phantast. Zudem ist Pinzón um wenigstens zehn Jahre älter als Columbus, also fast schon eine Vatergestalt. Allein das sichert ihm dem anderen gegenüber eine gewisse natürliche Autorität, und der künftige Konflikt ist programmiert.

Doch fürs erste scheinen sich hier die zwei Richtigen gesucht und gefunden zu haben. Denn auch Pinzón ging schon mit Entdeckungsplänen um. Nur fehlte ihm dafür Columbus' alles mitreißende Phantasie. Dafür bringt er jenen Hauch Seriosität ins gesamte Unternehmen ein, der wiederum Columbus so gründlich abgeht. Ihm und seinen Fachkenntnissen vertrauen die Seeleute, bei ihm heuern sie schon eher an. Und so ist die Mannschaft, 92 Mann insgesamt, endlich zusammen.

Pinzón wird Kapitän auf der »Pinta«, sein jüngerer Bruder Vicente Yánez übernimmt die »Niña«. Ihnen voran wird die »Santa María« segeln, mit Columbus am Kommandostand als Oberbefehlshaber der gesamten Mini-Flotte. Die Reise kann starten. Es ist der Morgen des 3. August 1492.

Am Tag zuvor ist das Ultimatum abgelaufen, das der König den spanischen Juden gesetzt hat. Nun ziehen sie davon, wehklagend, um ihre Heimat gebracht, einer Fremde ausgeliefert, die sie gewisslich nicht mit offenen Armen empfangen wird. Der Traum vom unverlierbaren Heimatland aller Juden wird noch über vierhundert Jahre brauchen, bis er sich endlich mit Theodor Herzls zionistischen Visionen von einem Staat der Juden in Palästina zu erfüllen beginnt.

Die Zahl der durch das **Edikt von 1492** aus Spanien vertriebenen Juden schwankt zwischen 160 000 und 800 000, wobei der Großteil, ungefähr 85 Prozent, bis dahin in Aragonien gelebt hatte, der Rest in Kastilien. Über den Auszug berichtet der Pater Palaccio: »Die einen fallen vor Müdigkeit um, die anderen, weil sie krank sind. Manche sterben, andere werden am Straßenrand geboren. Jeder Christ, der diese Elenden sieht, wird von Erbarmen ergriffen.«

Von Palos aber, den Rio Tinto hinunter, am Kloster La Rábida vorbei, dann hinaus ins offene Meer, segeln die drei Schiffe des Columbus dem Horizont entgegen, hin zu ungewissen Küsten, und wer diese Küsten von Bord aus als Erster entdecken und in den klassischen Seefahrerruf »Land in Sicht!« (oder auf Spanisch »Tierra, Tierra!«) ausbrechen wird, soll dafür zehntausend Maravedis bekommen. Nicht nur einmal bar auf die Hand, nein, gleich als jährliche Rente, was recht genau den Unterschied zwischen Armut und bescheidenem Wohlstand auf Lebenszeit bedeutet.

Das hat Flottenchef Columbus seinen Mannen im Namen des Königs versprechen dürfen. Es wird also, wer Land entdeckt, sein Glück gemacht haben, und dieser Gedanke beflügelt das Unternehmen.

Die wohl wichtigste, folgenreichste Seereise der Weltgeschichte hat begonnen.

Vorwärts! Vorwärts!

Am Abend zuvor waren alle Seefahrer noch einmal zur Messe gegangen, in der gleichen Kirche San Jorge, in der wenige Wochen vorher die Menschen von Palos zähneknirschend erfahren hatten, sie hätten dem Herrn Columbus zwei Schiffe zu stellen. Die Seeleute hatten die roten Wollmützen vom Kopf gezogen und noch einmal gebeichtet.

Dann der Aufbruch, vor Morgengrauen und Tages-Hitze, Columbus hatte ihm noch ein »Im Namen Jesu Christi!« vorausgeschickt, und es sollte nicht das unedelste Unternehmen sein, das je im Namen Christi gestartet worden war.

Jetzt schieben sich die drei Schiffe dem Meer zu, an der Saltès-Bank beim Zusammenfluss von Rio Odiel und Rio Tinto vorbei. Dann ist der Atlantik erreicht, das Festland liegt hinter ihnen, jenes Spanien, wo gerade im bezwungenen Granada als erste Vorboten der neuen Zeit die Inquisition Einzug hält. Mit all seinen Problemen versinkt es irgendwo hinter dem Horizont.

Die Welt der hier auf Gedeih und Verderb zusammengeschweißten Männer ist das Meer, sind die drei Schiffe,

Palos liegt heute im Landesinneren, weil der Rio Tinto sich zurückzog und versandete … Das früher wohl größte Haus an der Hauptstraße haben sie jetzt entkernt. Es gehörte der mächtigsten Familie im Ort, den Gebrüdern Pinzón. Heute stehen nur noch die Wände, und an einer davon hängt eine Tafel. Sie zeigt, was die Menschen hier über das denken, was damals passierte: »In diesem Haus lebten die berühmten Seeleute aus Palos: Martin Alonso, Vicente Yánez und Francisco Martín Pinzón, die von hier aus Amerika entdeckten« steht da. Von einem Typ namens Columbus steht da nichts.

Klaus Brinkbäumer/Clemens Höges, Die letzte Reise, 2004

das Spiel der Elemente, dem sie sich für nicht absehbare Zeit ausgeliefert haben. Sonst zählt nichts. Und der Allmächtige dort heißt nun Columbus.

Nein, dies ist keine Verbrechergang und auch nicht, eine andere Legende, ein aus allen Völkerschaften zusammengewürfelter Haufen, zu dem Iren wie Engländer gehört haben könnten. Gerade ein Portugiese und drei Italiener sind dabei, alle übrigen sind Spanier mit vielen Basken darunter, dem »Seefahrervolk« unter den Iberern seit alters her.

Drei Ärzte gehören zur Crew, für jedes Schiff einer, zwei davon Juden, was nicht weiter verwunderlich ist, da nun mal die meisten (und besten) spanischen Ärzte Juden sind. Zudem ein Goldschmied, zwei etwas undurchsichtige Herren adligen Geblüts, die wohl so etwas wie Aufpasser der Krone sein sollen, der Notar Rodrigo de Escobedo sowie ein Profos oder, vornehmer, »Polizeioffizier«, und das wiederum ist jener Diego de Harana, in dessen Haus einst Columbus seine Geliebte Beatriz kennen gelernt hatte. Und da wäre noch, natürlich, ein Priester…

Nein. Kein Priester. Der fehlt. Und das ist seltsam.

War es nicht erklärte Absicht dieser Reise, möglichst viele Heiden zu bekehren? Findet sich nicht gleich zu Be-

Eure Hoheiten beschlossen als katholische Christen und Fürsten, die den heiligen christlichen Glauben lieben und ihn verbreiten und folglich der Sekte Mahomets und jedem Götzendienst und jeder Ketzerei feindlich gesonnen sind, mich, Christoph Kolumbus, nach den erwähnten Gebieten Indiens zu entsenden, um besagte Fürsten und Völkerschaften und Länder, ihre Beschaffenheit und alles Übrige in Augenschein zu nehmen nebst der Art und Weise, wie man sie zu unserem heiligen christlichen Glauben bekehren könne; und sie verfügten, dass ich nicht auf dem Landweg nach Osten reiste, der üblicherweise benutzt wird, sondern auf dem westlichen Wege, den, wie wir ganz sicher wissen, bis auf den heutigen Tag niemand eingeschlagen hat.

Aus der Vorrede zu Columbus' Bordbuch, 1492

ginn des von Columbus geführten Bordbuchs der klagende Hinweis, der Papst wäre zu Marco Polos Zeit nicht der Bitte des damaligen chinesischen Kublai Khan gefolgt und hätte ihm keine Priester zur Unterrichtung im wahren Glauben gesandt?

Dennoch. Kein Kuttenträger in der Columbus-Crew. Dafür ein Dolmetscher für arabische Sprachen, ein gewisser Luis de Torres, »converso« und zuvor Dolmetscher für Hebräisch beim Gouverneur von Murcia. Nach der Judenvertreibung arbeitslos geworden, dürfte er heilfroh gewesen sein, gleich wieder einen neuen Job bekommen zu haben – oder stimmt Simon Wiesenthals Argument, dies sei ein weiterer Beleg für ein »jüdisches« Unternehmen?

Jedenfalls wird dieser Luis de Torres auf der Reise nicht weiter hervortreten und sicher nicht der Erste sein, weitere Mär, der seinen Fuß aufs frisch entdeckte Neuland gesetzt hat. Er dürfte wohl in dem Boot gesessen haben, in dem Columbus vom Schiff an Land übersetzte –

Bartolomé de Las Casas (1474–1566), Sohn eines Besatzungsmitglieds bei der zweiten Columbus-Reise, reiste selbst 1502 nach Amerika und ließ sich in Hispaniola nieder. 1511 wurde er zum Priester geweiht, von 1514 an wandte er sich gegen die Ausbeutung und Ausrottung der Indianer, setzte sich für eine Gesetzgebung zu ihrem Schutz ein und gewann sogar Kaiser Karl V. für seine Ziele, der aber später die zum Schutz der Indianer erlassenen Gesetze widerrief. Seine ›Geschichte der indianischen Länder‹ ist nach dem Buch des Columbus-Sohns Fernando auch die erste Columbus-Biografie, die sich des Bordbuchs bedient. 1547, inzwischen zum Bischof geweiht, kehrte er endgültig nach Spanien zurück, setzte sich aber bis zu seinem Tod für die Rechte der Indianer ein, unter anderem in seiner 1539 während eines Europa-Aufenthalts entstandenen Streitschrift ›Kurzgefasster Bericht von der Verwüstung der westindischen Länder‹.

am Strand drängten sich schon die Eingeborenen, man würde vielleicht einen Dolmetscher brauchen –, aber gewiss hat ihm Columbus nicht den Vortritt gelassen.

Denn die Hierarchie ist streng. Erst kommen die Kapitäne, dann der jeweilige Erste Offizier, dann der Steuermann. Columbus, der »Admiral«, hat neben dem Kommando über seine »Santa María« den Oberbefehl über die gesamte Klein-Flotte mit dem Privileg einer eigenen Kajüte am Heck seines Schiffes. Und dort sitzt er nächtens übers Papier gebeugt, führt Buch für jeden Tag, kein eigentliches Bordbuch, kein persönliches Tagebuch. Es soll ein Bericht für König und Königin werden.

Das wurde es auch. Und verschwand samt einer Abschrift auf rätselhafte Weise, die Forschung danach bis in unsere Zeit könnte ein eigenes Kapitel füllen. Zuvor hatten allerdings die beiden ersten Columbus-Biografen Einsicht nehmen dürfen, Sohn Fernando und der schon erwähnte Bischof Las Casas, und vor allem Las Casas ging sorglich damit um, zitierte es weidlich, mal wörtlich, mal indirekt. Dann wird von Columbus als dem »Admiral« gesprochen oder allgemein »sie« eingesetzt.

Am Las-Casas-Text orientieren sich in der Folge die Zitate, und dort erfährt man auch von der ersten schlimmen Panne dieser Reise, bevor sie recht angefangen hatte: »Das Steuerruder der Karavelle Pinta, die unter dem Kommando von Martin Alonso Pinzón stand, brach oder sprang heraus, und die Leute glaubten und argwöhnten, dies sei durch Arglist eines gewissen Gomes Rascón und des Cristobal Quintero … geschehen.«

Der Verdacht war nicht ganz unbegründet. Denn Quintero war Eigner der »Pinta«, hatte sie wutschnaubend für dieses Unternehmen hergeben müssen, von dem er nicht das Geringste hielt, und selber wohl nur deshalb angeheuert, um sein Schiff nicht völlig preiszugeben und vielleicht noch vor der erwarteten Katastrophe in Sicherheit zu bringen.

Möglich also, dass er zu einem Trick griff und mit Hilfe eines Kumpanen, kaum dass sie den Hafen verlassen hatten, eine Weiterfahrt verhindern wollte, ja, dass dies vielleicht von Anfang an sein Plan gewesen war. Fast sah es auch so aus, als würde sein Vorhaben gelingen. Denn: »Der Admiral befand sich in einer schwierigen Lage, weil er der Karavelle nicht helfen konnte, ohne selbst Gefahr zu laufen, und er sagt, er habe sich etwas erleichtert gefühlt, als er sich vergegenwärtigte, dass Martin Alonso Pinzón ein tatkräftiger und einfallsreicher Mann war.«

Tatkraft und Einfälle. Sehr schön. Aber auch sie reichen jetzt nicht, das Schiff gleich hier auf dem Meer zu reparieren. Der nächste Hafen muss angelaufen werden, und das ist Gran Canaria auf den Kanarischen Inseln, die ohnehin letzte Station vor der Weiterfahrt über den Ozean, wo noch einmal Lebensmittel geladen, Wasser gefasst werden konnte.

Diese »Glücklichen Inseln«, wo schon Sagenheld Herkules gerastet haben soll, waren zu der Zeit, da Columbus mit seiner Flotte eintraf, alles andere als glücklich. Aufs heftigste tobten noch die Kämpfe zwischen den spanischen Besatzern und der sich erbittert zur Wehr setzenden Urbevölkerung, den Guauchen, die rücksichtslos unterjocht und versklavt wurden, immer im Zeichen des

Gran Canaria wie die Kanaren, insgesamt dreizehn Inseln vulkanischen Ursprungs, wurden wohl von den Römern nach »Canis«, dem »Hund«, getauft und im 15. Jahrhundert von den Spaniern erobert: »Gran Canaria ist eine Zwillingsinsel von Teneriffa, wie jene ein ›Kontinent im Kleinen‹, mit allen Abstufungen und Farben, auch halten beide die Mitte des Archipels besetzt… In den Talgründen breiten sich die gleichen Wälder von Paradiesfeigen aus, wie man hier zu Bananen sagt. Kolumbus hatte für all dies ein Auge, denn nicht nur Nautik beschäftigte seine Sinne, er konnte sich auch von landschaftlichen Schönheiten fesseln lassen und darüber ins Schwärmen geraten.« (Gustav Faber in ›Auf den Spuren des Columbus‹)

Kreuzes. Schon hier auf den Kanaren, makabrer Gedanke, war im Kleinformat das Modell der späteren Eroberung und Auspressung Amerikas vorweggenommen.

Columbus selbst steuert mit seiner »Santa María« nicht Gran Canaria an, sondern eine andere der Kanarischen Inseln, La Gomera, die sich schon fest in spanischer Hand befand. Um diese Zeit hat er wohl die Hoffnung aufgegeben, die havarierte »Pinta« wieder flott zu bekommen. Er hält nach einem Ersatz Ausschau, und in San Sebastian, der Hauptstadt von La Gomera, soll es ein Schiff geben, kleiner zwar als die »Pinta«, dafür galizischer Herstellung wie die »Santa María«, was immer schon Qualität garantiert, und dazu noch aus dem Besitz der Frau Gouverneur. Die wiederum ist eine gute Bekannte aus gemeinsamen Tagen am spanischen Hof.

Beatriz heißt auch sie, Dona Beatriz de Peraza y Bobadilla. Nicht mehr jung, noch immer schön, sehr üppig, sehr sinnlich, eine Glamourdame am Hof und Gerüchten zufolge Geliebte des spanischen Königs. Dessen Gattin Isabella hatte sich nicht lange mit Eifersucht aufgehalten. Sie verkuppelte die lockere Beatriz mit dem Gouverneur von La Gomera, der es seinerseits mit ehelicher Treue nicht allzu genau nahm. Die Affäre mit einer Eingeborenen sollte ihn das Leben kosten, sein Rivale erstach ihn, und jetzt regiert also auf La Gomera seine Witwe anstelle ihres noch unmündigen Sohnes.

Columbus hat Pech. Die Dame ist nicht da und ihr Schiff auch nicht. Er muss warten. Auch von Pinzón drüben auf der Werft von Gran Canaria hört er zunächst nichts.

Endlich, schon ist es Anfang September, treffen sowohl Pinzón mit der reparierten »Pinta« sowie Beatriz auf ihrem nun nicht mehr benötigten Schiff ein, und Columbus-Biografen, immer dankbar für etwas private Farbe im Bild ihres in dieser Hinsicht eher blassen Heroen, wollen sogleich von einer Affäre mit der schönen Dame wissen. Gönnen wir sie ihm, zumal dafür nur drei Nächte bleiben, höchstens, und danach eine lange frauenlose Zeit beginnt!

20 Die drei Schiffe der ersten Reise: »Niña«, »Pinta« und »Santa María«. Stich, 19. Jh.

Denn nun, am 6. September, einem Donnerstag, fängt nach dem Vorspiel der Kanaren-Überfahrt die eigentliche Reise des Columbus an.

Man hat ihn und seine Mannen zuweilen mit den ersten Astronauten verglichen. Eine schiefe Parallele. Denn was hätten jene an den Fäden einer überperfektionierten Technik hängenden, gegen alle Fährnisse und Pannen zigfach abgesicherten Weltraum-Marionetten mit jenen gemein, die sich nun, ganz auf sich selbst und ihre Überlebenshärte gestellt, allen Strapazen, Mängeln und Kümmernissen einer Ozeanreise im ausgehenden Mittelalter aussetzen?

Der Lebensraum? Das sind die nackten Planken des Schiffes, nachts der nach Schweiß und Schimmel stinkende Schlafraum für alle. Waschgelegenheiten, Aborte? Unbekannt. Man hängt sich über die Reling. Die Verpflegung? Einmal am Tag gibt es eine warme Mahlzeit, immer den gleichen Fraß aus Linsen, Bohnen und Erbsen, mit etwas Pökelfleisch dabei. Ansonsten geröstetes Brot, Dörrfisch, vielleicht mal Sardinen, ein paar Oliven, etwas Käse. Und Wein, den aber reichlich. Denn den brauchte man im Kampf gegen die schlimmste aller Plagen auf einer sich ins schier Endlose hinziehenden Seereise, und das ist die Langeweile.

Denn mit der großen Langeweile kommt die große Angst. Bange Fragen stellen sich immer dringlicher und werden in der Einsamkeit des Ozeans immer bedrohlicher: Wohin steuern wir eigentlich? Was erwartet uns? Und die Männer, halbe Kinder darunter, lehnen an der Reling, starren ins Wasser.

Dort treibt der Mastbaum eines anderen Schiffes vorbei, mahnende Erinnerung ans eigene mögliche Schicksal. Das ist am 11. September: »Sie sahen ein großes Stück von dem Mast eines gesunkenen Hundertzwanzigtonnenschiffs im Wasser treiben, doch konnten sie es nicht bergen. In der Nacht fuhren sie an die zwanzig Meilen, aber er zählte … nur sechzehn.« Das gehört zu Columbus' Tricks.

Um seine Leute darüber hinwegzutäuschen, wie weit sie tatsächlich schon von ihrer Heimat entfernt sind, ohne dass etwas vom versprochenen Land zu sehen ist, trägt er nach unten gedrückte Zahlen ins Bordbuch ein. Nachts steht er aber an Deck, starrt zum Sternenhimmel hinauf, sieht »einen herrlichen Feuerzweig ins Meer fallen«, wohl eine in der klaren Seeluft besonders hell leuchtende Sternschnuppe, und wie hier gibt sich der Columbus dieser Wochen so entspannt, als schlendere er auf einer sommerlichen Lustfahrt an der spanischen Küste entlang: »Es habe ihnen großes Vergnügen bereitet, die Frühe des Tages zu genießen, so dass eigentlich nichts als das Schlagen der Nachtigall gefehlt habe. So sagt er, und es war so

Von allen Schiffen der Columbus-Flotte ist wohl keines bekannter als sein Flaggschiff **»Santa María«**, obwohl es nach seiner Havarie vor Hispaniola schon an der Rückfahrt nicht mehr teilnahm. Es dürfte neben dem Sagenschiff Argo und der »Titanic« das berühmteste Schiff der Weltgeschichte sein, rund hundert Tonnen schwer, schwarz angemalt, mit nur einem Oberdeck. Gelegentlich wurde die »Santa María« nachgebaut, so 1927 für die Weltausstellung in Sevilla. Ein anderes Modell liegt an der Mole von Barcelona, vor dem Columbus-Denkmal.

mild wie das Aprilwetter in Andalusien.« Wieder beugt sich alles über die Reling.

Dort, es ist Sonntag, der 16. September, treibt kein Mastbaum vorüber, dafür etwas Grünes, Glibberiges, das sich wie ein einziger riesiger Teppich bis zum Horizont über die Wasseroberfläche breitet. Gras! Tatsächlich! Frisches grünes Gras, das sich von irgendeinem Festland losgerissen haben könnte – wo mag dieses Festland sein?

Kein Festland. Fehlanzeige!

Denn das hier ist das Sargasso-Meer, zu dessen Phänomenen dieser Teppich gehört, nicht aus Gras, sondern aus so genanntem Beerentang, und die Matrosen bekommen es mit der Angst. Columbus beruhigt sie: Nur keine Sorge, dass sie in diesem Geflecht stecken bleiben, nicht mehr vor oder zurück könnten. War da nicht in Palos ein alter Seebär gewesen, Pedro Vazquez, der in allen Kneipen von diesem »Grasmeer« erzählt hatte und wie er es auf seinem Schiff ohne Gefahr durchquert hätte?

Auch jetzt durchschneidet es der Kiel ohne Mühe, und Columbus nimmt dies als Zeichen, dass Land in der Nähe sein müsse, Inseln vielleicht.

Warum steuern wir dann diese Inseln nicht an?

Weil wir nicht Inseln suchen, sondern Festland.

Das wird die Standard-Auskunft, wenn wieder einmal von irgendwelchen vermuteten Inseln, etwa jenen fünftausend vor Zipangu/Japan aus dem Bericht des Marco Polo, weit und breit nichts zu sehen ist. Sind sie denn aber auf richtigem Kurs? Columbus lässt sich nicht be-

Die **Sargassosee** heißt ein Teil des nördlichen Atlantik südlich der Bermuda-Inseln. Er ist nach dem »Sargassum« benannt, dem Beerentang, dessen Teppich sich bis zur Größe Europas ausbreitete und zur Columbus-Zeit eine echte Gefahr für leichtere Schiffe darstellte. Hier ist auch der »Sargassofisch« zu Hause, ein bizarrer, blattähnlich gestalteter gelblich-weißer Knochenfisch.

21 Columbus segelt ins Unbekannte. Bildteppich von Mabelle L. Holmes, 19. Jh.

irren. Das Gras ringsum ist sein Beweis. Und mehr noch die Vögel am Himmel, die sich manchmal auf den Masten niederlassen. Sie zeigen an, dass ganz in der Nähe Festland sein muss.

Schon am 14. September: Seht nur den Tropikvogel und einen anderen, wie nennt man diese Art doch gleich? Tölpel, richtig. Und jeder weiß, dass die sich nie weiter als höchstens fünfundzwanzig Meilen vom Festland wegbewegen!

Und dort – es ist der 17. September – wieder ein Tropikvogel, schon am ganz frühen Morgen, fast noch in der Nacht, ein weiterer Beweis. Denn diese Vögel, auch das weiß man, schlafen nachts nie auf dem Meer. Und dann diese anderen Vögel, am 18. September – die ziehen alle nach Westen.

Warum gerade nach Westen? Weil sie, ist doch klar, von ihrem sicheren Instinkt geleitet irgendwo an einem Ufer einen Nistplatz suchen. Schon die portugiesischen Kollegen hatten ihre wichtigsten Entdeckungen gemacht, indem sie möglichst getreu dem Flug der Vögel folgten.

Doch nach wie vor ist von einem Ufer nichts zu sehen. Lähmende Hitze. Flaute zudem. Man kommt nicht voran. Die Leute murren. Der Wind reiche nicht einmal, um je nach Spanien zurückzukehren, geschweige denn, zu irgendeinem Neuland – wenn denn überhaupt vorhanden – vorzustoßen. Auch Columbus, der Vielberedte, ist einigermaßen ratlos.

Nur Beten hilft noch. Er betet. Und wird erhört. Obwohl sich an diesem 23. September kein Lüftchen regt, kommt plötzlich hoher Seegang auf, und Columbus fühlt sich wie weiland Moses beim Anblick des auseinanderwogenden Roten Meeres. Mit seinen eigenen Worten: »Der hohe Seegang war mir unendlich wichtig, keiner brauchte ihn vielleicht so sehr seit der Zeit der Juden, als jene Ägypten verließen …«

Ins Bordbuch trägt er ein, sie hätten zwölf Meilen zurückgelegt. Es waren aber vierzehneinhalb. In dieser Zeit überfliegen ein Pelikan sowie ein Schwarm Sturmschwalben die Schiffe. Land ist jedoch noch immer nicht in Sicht. Die Reise zieht sich weiter hin.

Diese wichtigste Fahrt der Weltgeschichte ist zugleich die vielleicht langweiligste. Ein Unternehmen ohne Sensationen, und gerade das ist das Gefährliche daran. Dass so gar nichts passiert, kein Sturm, kein Mann über Bord, und die viel zitierte angebliche »Meuterei« kurz vor dem »Land in Sicht!«-Ruf dürfte kaum mehr als ein dumpf murrendes Aufbegehren Einzelner gewesen sein.

Am aufregendsten war noch das gleich hinter den Kanaren aufgekommene Gerücht, es lauerten etliche portugiesische Karavellen der Flotte des Columbus auf, ihn an der Weiterfahrt und damit an der Entdeckung des westlichen Seewegs nach Indien zu hindern. Glaubwürdiger, wenn es denn diese Karavellen überhaupt gab, scheint zu sein, dass die Portugiesen kontrollieren wollten, ob sich denn die spanischen Schiffe nicht zu tief in die einzig ihnen gehörenden afrikanischen Gewässer verirrten.

Aber auch jetzt kein Waffenlärm, kein Degenklirren. Die kleinen Geschütze an Bord, die einzigen Waffen auf den Schiffen, bleiben unbenutzt. Die angebliche Gefahr bleibt ein Phantom. Umso quälender wird die Frage, wie lange denn noch diese Reise ohne Aufregungen und Ergebnis dauern soll und ob sie denn je ein gutes Ende nehmen kann. Bis plötzlich, es ist der Abend des 25. September und die Sonne gerade untergegangen, der so heiß ersehnte Ruf ertönt, »Tierra! Tierra!«, und es ist Pinzón, der da schreit.

Columbus weiß wohl nicht recht, ob er begeistert sein soll oder eher enttäuscht, weil nicht er als Erster Land gesehen hat. In jedem Fall ist Gott zu danken. Alle sinken in die Knie: »Martin Alonso Pinzón sprach mit seinen Leuten das ›Gloria in excelsis Deo‹, das Gleiche taten die Leute des Admirals, und die von der Niña kletterten samt und sonders auf den Mast und in das Takelwerk, und alle versicherten, es sei Land.«

Auf den Schiffen scheint euphorische Erleichterung aufzukommen. Die Matrosen reißen sich die schweißgetränkten, salzverkrusteten Kleidungsstücke von den Leibern, springen nackt ins Wasser, prusten, plantschen, lachen. Sie sehen Goldmakrelen, fangen sie, seit langem gibt es wieder etwas Frisches zu essen. Columbus aber findet sich zu einer kleinen Kursänderung bereit. Er steuert nun in die Richtung des von Pinzón gesichteten Festlandes nach Südwest statt strikt in den Westen.

Schon der nächste Tag bringt die Ernüchterung. Kein Land in Sicht, es scheint sich lediglich um einige Wolkenbildungen gehandelt zu haben. Und nun wird wieder nach Westen gesegelt, wohin immer das führt.

Der Euphorie folgt Depression. Selbst Columbus wird davon erfasst. Niedergeschlagen sitzen die drei Kapitäne zusammen, Columbus spricht ein erstes Mal von der Möglichkeit, die Reise abzubrechen und wieder nach Spanien zurückzukehren. Pinzón meint nicht richtig zu hören.

Nein, so kann, so darf sich ihr Admiral nicht gehen lassen. Die Devise muss weiterhin sein – und Pinzón, der sonst so Sachliche, ruhig Abwägende, schreit es fast: Vorwärts! Vorwärts! Das ist die eine Version.

Der anderen zufolge ist Pinzón der Mutlose und Columbus derjenige, der von Abbruch und Rückfahrt nichts hören will, was in diesem Fall glaubwürdiger ist. Denn was hat ein Pinzón zu verlieren und was er selbst? Der andere nicht viel, er bliebe der reiche, angesehene Reeder in Huelva. Ein gescheiterter Columbus aber stünde vor dem Nichts.

Also vorwärts! Vorwärts!

Die Reise geht weiter, immer stur nach Westen, in der unbeirrten Hoffnung, dass dort irgendwo das ersehnte Indien liegt. Darüber wird es Oktober. Die Mannschaft murrt wieder, nun schon lauter, drohender. Columbus versucht sie zu beruhigen, er »ermutigte sie, sosehr er konnte, und weckte bei ihnen Hoffnungen auf die Vorteile, die ihnen zufallen könnten«, auf Gold, auf Frauen. Und »er fügte hinzu, es sei zwecklos, sich zu beklagen, denn er habe den Weg nach Indien einmal eingeschlagen, bis er das Land mit Hilfe unseres Herrn gefunden habe.«

Es ist schon der 11. Oktober. Starker Seegang kommt auf, der bisher stärkste auf dieser Reise. Wieder Gras im Wasser, Sturmschwalben am Himmel. Und Schilfrohr treibt vorbei, ein Stock, offenbar von Menschenhand bearbeitet. Die Männer auf der »Niña« aber »entdeckten noch andere Anzeichen nahen Landes und dazu einen Zweig, an dem Hagebutten hingen oder etwas Ähnliches. Bei diesen Anzeichen atmeten sie auf, und alle waren voll Freude«.

Also keine Depression mehr. Und jetzt müsste noch die Stimme her, die »Land in Sicht!« schreit. Wird man es selber sein? Hat man dann, die königliche Leibrente in der Tasche, für immer sein Glück gemacht?

»Tierra! Tierra!«

Da! Endlich ertönt der Schrei, von Bord der »Pinta« her, und gleich danach ein Böllerschuss, das verabredete Zeichen. Alles starrt nach Westen. Ist das dort wieder nur ein Wolkenberg? Nein, das ist Land. Der erste Zipfel dessen, was an diesem Tag entdeckt und von nun an den Lauf der Weltgeschichte entscheidend mitprägen wird: der Kontinent Amerika, die Neue Welt.

Es ist der 12. Oktober 1492, Columbus' größte Stunde.

Dieser Triumph, könnte man meinen, sollte ihm genü-

22 Columbus sieht als Erster Land. Holzschnitt, 19. Jh.

gen. Alles andere, vor allem die Ehre, das Land als Erster gesehen zu haben, samt der damit verbundenen finanziellen Vergünstigung, könnte er dem lassen, der tatsächlich als Erster Land gesehen hat, dem einfachen Matrosen Juan Rodrigo Bermejo. Doch nun setzt ein merkwürdiges Spielchen ein, sehr unwürdig und sehr gemein.

Nein, lässt der Admiral verlauten, Bermejo sei keineswegs der wirklich Erste gewesen. Denn Columbus selbst – schlaflos stand er mal wieder an der Reling, starrte ins Dunkel hinein – habe als Allererster ein kleines Licht in der Ferne gesehen, mal schwächer, mal stärker. Und das sei dann eben das erste Anzeichen gewesen, dass dort Land lag. Er hätte auch gleich anderen Bescheid gesagt, die aber Zweifel hatten. Nur er, Columbus, sei ganz sicher gewesen. Was sich dann in den Worten seines Bordbuchs so liest: »… der Admiral hielt es für sicher, dass man dem Land nahe sei. Als sie dann das Salve gebetet hatten, das alle Seeleute auf ihre Weise zu sprechen oder zu singen pflegen und zu dem sich alle an Deck versammeln, bat sie der Admiral und vermahnte sie, am Vorderkastell sorgsam Wache zu halten und genau nach dem

Land Ausschau zu halten, und dem, der ihm als Erster melde, dass er Land sähe, würde er sogleich ein seidenes Wams zum Geschenk machen …«

Aber diesen Ersten hat es doch gegeben! Warum ging er leer aus, ohne zehntausend Maravedis, und auch vom Seidenwams war nicht mehr die Rede? In seinem Bericht geht denn auch Columbus auffallend rasch zur anstehenden Tagesordnung über, während sich später Bermejo aus Erbitterung über so viel Undank erhängt haben soll.

Schwarze Schatten über der Stunde höchsten Triumphs. Denn das da drüben, hinter einem Riff mit hochschäumender Brandung, ist wirklich Land. Weiße Klippen, grüne Palmen, eine Lagune. Und jetzt zeigen sich Menschen, schlank und schön und braun und nackt, Kinder des Paradieses.

Columbus gibt ein Zeichen. Man lässt drei Schaluppen zu Wasser. Darin nehmen die Kapitäne samt engerer Gefolgschaft Platz. Mit kräftigem Ruderschlag nähern sich die Boote der Küste.

Columbus ist am Ziel. So scheint es.

Wo geht es nach Zipangu?

Columbus setzt den Fuß an Land, zieht sein Schwert, entrollt die Fahne. Das ist sozusagen der offizielle, der feierliche Teil der ersten amerikanischen Landnahme durch Europäer. Es folgt die mehr bürokratische Abwicklung, wiederum im Bordbuch nachzulesen: »Der Admiral rief die beiden Kapitäne und die anderen, die an Land gegangen waren, zu sich ... und sagte, sie sollten getreulich bezeugen, dass er vor aller Augen für den König und die Königin, ihre Herren, von der Insel Besitz ergriff, und so tat er es auch ...« Was dann noch der Notar Rodrigo de Descovedo urkundlich beglaubigte.

Über den Bogen eines halben Jahrtausends hinweg kann einem die Selbstverständlichkeit, um nicht zu sagen:

23 Landung auf Guanahani (San Salvador) am 14. Oktober 1492. Stich, 19. Jh.

Frechheit, kalte Schauder über den Rücken jagen, mit der einmal Europäer alles, was ihnen mehr oder minder zufällig zwischen die Finger kam, als ihr Eigentum betrachteten, ohne die geringste Rücksicht auf mögliche ältere, größere Ansprüche anderer.

Aber jene Handvoll Männer am Strand dieser Insel, die in der Sprache ihrer Ureinwohner »Guanahani« hieß und von Columbus in »San Salvador« umgetauft wurde, Insel des Erlösers, hielt sich ganz gewiss nicht mit solchen Skrupeln auf.

Für sie und ihren Admiral ein großer Augenblick, sicher. Aber keineswegs das Ende aller Erfolgszwänge, Sehnsüchte und selbst gesteckten Ziele. Eher im Gegenteil. Denn eigentlich, sieht man richtig hin, muss diese »Entdeckung« für ihren »Entdecker« eine einzige riesige Enttäuschung gewesen sein: Es war kein Festland, auf das man hier gestoßen war, nur eine Insel wie viele zuvor. Allenfalls die Mutmaßung ist erlaubt, dies also könne Indien sein. Und nirgends findet sich eine Spur vom Wunderreich des Marco Polo.

Keine prunkenden Riesenstädte, kein Kublai Khan auf seidenem Thron, schon gar nicht goldene Dächer irgendwo. Nur Menschen mit brauner Haut drängen heran, später »Indios«, also Inder, genannt, die meisten hübsch und

Der Admiral entfaltete das königliche Banner und die Kapitäne zwei Fahnen mit dem grünen Kreuz; dieses führte der Admiral zur Kennzeichnung auf allen seinen Schiffen mit den Lettern F und Y: Jeder Buchstabe trug eine Krone, der eine stand links, der andere rechts vom waagerechten Kreuzesbalken. Als sie an Land stiegen, sahen sie sehr grüne Bäume und viele Gewässer und zahlreiche Früchte verschiedener Art. Der Admiral rief die beiden Kapitäne und die anderen, die an Land gesprungen waren, zu sich … und sagte, sie sollten getreulich bezeugen, dass er vor aller Augen für den König und die Königin, ihre Herren, von der Insel Besitz ergriff, und so tat er es auch.

Bartolomé de Las Casas nach dem Bordbuch

24 Columbus trifft mit Indianern auf Guanahani zusammen. Lithografie, 19. Jh.

schlank und alle splitternackt, wie Columbus in seinen Aufzeichnungen zu betonen nicht nachlässt: »Sie gehen allesamt nackt herum, wie sie ihre Mutter zur Welt gebracht hat, auch die Frauen, obwohl ich nur eine sah, die noch sehr jung war, und alle Männer, die ich sah, waren Jünglinge, denn ich bemerkte keinen, der älter als dreißig Jahre gewesen wäre …«

»Sehr gut gebaut« sind sie, »von sehr schöner Gestalt und sehr angenehmen Gesichtszügen«, mit dickem, kurzgeschnittenem Haar, das sie sich bis zu den Augenbrauen

Da sie uns große Freundschaft erwiesen und ich erkannte, dass es Leute waren, die sich besser mit Liebe zu unserem heiligen Glauben befreien und bekehren würden als mit Gewalt, gab ich einigen von ihnen ein paar bunte Mützen und etliche Glaskugeln, die sie sich um den Hals hängten, und allerhand andere Dinge von geringem Wert, an denen sie großes Vergnügen fanden, und sie waren uns derart zugetan, dass es ein Wunder war.

Columbus im Bordbuch, 12. Oktober 1492

wachsen lassen. Und er rühmt ihre Sanftmut, Freundlichkeit, ja, er wird später bei der Bergung der »Santa María« gar von christlicher Nächstenliebe sprechen, obwohl doch diese Menschen – auch das merkt er an und wiederholt es immer wieder – gar keinen richtigen Glauben zu haben scheinen.

Aber Prachtgeschöpfe sind sie, das steht schon mal fest. Und zugleich meint man seinen kühl taxierenden Blick über die nackten, ranken Körper streichen zu sehen. Gutes Menschenmaterial, beste Ware. Daheim in Spanien dürfte Sklavenmakler Berardi recht zufrieden sein. Obgleich Columbus, ein feiner Mann, das Wort »Sklave« sorglich meidet, jedenfalls zu dieser Zeit noch.

Diese Menschen hier, das wiederum geht an die Adresse des spanischen Herrscherpaares, dürften jedoch leicht zu regierende, mühelos zu lenkende Untertanen sein. Einzig die Sprache könnte Probleme machen.

Dolmetscher Luis de Torres hat einen leichten Job. Er darf sich am Strand in den warmen Sand setzen und gelangweilt aufs Meer hinausschauen. Sein Arabisch oder Hebräisch sind hier nicht gefragt. Dennoch kann man sich mit diesen Eingeboren bald schon ganz gut verständigen, am besten mit kleinen Geschenken.

An Bord befinden sich Kisten voll billigem Tand, bunten Mützen, Glasperlen, Glöckchen, kleinen Spiegeln. Mit solchen Dingen, hatte die Erfahrung gelehrt, hatten die Portugiesen den Eingeborenen Afrikas viel Freude machen können. Die Indios sind davon nicht weniger entzückt, vor allem von den Glöckchen, für die sie sich mit gespon-

Die Inseln sind sehr grün und fruchtbar, und das Klima ist sanft, und es kann dort viele Dinge geben, von denen ich nichts weiß, denn ich will mich nicht aufhalten, weil ich viele Inseln besuchen und erforschen will, um Gold ausfindig zu machen.

Columbus im Bordbuch,
15. Oktober 1492

nener Baumwolle revanchieren und zuweilen mit dem einen und anderen kleinen Schmuckstück, das sie im Ohr oder an der Nase tragen.

Gold! Endlich Gold!

Nur Winzigkeiten. Aber Columbus nimmt auch die kleinste Andeutung als Spur für riesige Goldschätze, die sich hier irgendwo befinden müssen.

Aber wo denn nur?

Er durchstreift das kleine Insel-Archipel, das später einmal die Bahamas sein werden. Er durchfährt traumhaft schöne Landschaften und wird nicht müde, sie zu bewundern: »Diese Insel ist sehr groß und flach und hat sehr grüne Bäume und viele Gewässer und in der Mitte eine breite Lagune, keine Erhebung ist zu erkennen, und sie ist ganz grün, so dass es ein Vergnügen ist, sie zu betrachten.«

Oder später, auf der Nachbarinsel Fernandina: »In dieser Zeit ging ich unter den Bäumen umher, denn das war der allerschönste Anblick von der Welt; das Grün war so reich und üppig, wie es im Mai in Andalusien ist.«

Schließlich, auf der Insel Isabella (Columbus tauft ein frisch betretenes Eiland nach dem anderen, wobei er die Hierarchie strikt einhält, erst der Erlöser, dann der König, schließlich Königin Isabella): »Meine Augen werden nicht müde, so schöne grüne Landschaften zu sehen, die völlig anders sind als unsere; ich glaube auch, dass es hier sehr viele Pflanzen und Bäume gibt, die in Spanien sehr geschätzt sind, weil man Farbstoffe und heilkräftige Spezereien daraus gewinnen kann.« Der beschwörende Unterton ist nicht zu überhören.

Er kann vorerst mit den versprochenen Goldschätzen

> Das Gold ist überaus vortrefflich. Aus Gold sammelt man Schätze und wer es hat, der macht damit alles, was er in der Welt nur will. Er kann selbst die armen Seelen ins Paradies bringen.
>
> *Columbus an das königliche Paar 1504*
> *(zitiert von Karl Marx im ›Kapital‹)*

25 Columbus und Eingeborene auf Kuba. Gemälde von Benjamin West

nicht dienen. Also muss zunächst die landschaftliche Schönheit der neu in Besitz genommenen Regionen quasi als Ersatz herhalten, und gleich auch geht ein dezentes Zwinkern zum königlichen Adressaten hin: Hier dürfte zunächst vielleicht kein Gold, wohl aber anderes zu holen sein, edle Gewürze, Spezereien – und Menschen …

Aber das Traumland Zipangu, bitteres Fazit, ist das hier nun mal nicht. Die Suche wird weitergehen müssen.

Immer wieder taucht bei den Indios ein Wort auf: Kuba. Nur eine weitere Insel oder gar das Festland? Jedenfalls soll es dort Gold und Perlen zuhauf geben. Columbus beschließt in seiner Eintragung am 26. Oktober, »dass es sich dabei um die Insel Zipangu handeln müsse«, er glaubt es, weil er es glauben will. Zwei Tage später segelt er los.

Die Bahamas werden ihn nie wiedersehen, seine ganze erste Entdeckung gerät in Vergessenheit. Am Ende wird man gar nicht mehr wissen, welche der Inseln nun genau sein Sankt Salvador gewesen ist, man wird danach suchen und sich schließlich auf das in der Zwischenzeit nach einem britischen Piraten benannte Watling Island einigen, ohne bis heute letzte Gewissheit zu haben.

Kuba ist am 28. Oktober erreicht. Wieder das Bordbuch – Entzücken über alle landschaftliche Schönheit, die der Admiral so noch nie gesehen haben will: »Das ganze Flussufer war überall mit Bäumen bestanden, die schön und grün sind und anders als unsere, jeder hat Blumen und Früchte nach seiner besonderen Art. Viele große und kleine Vögel ließen ihren lieblichen Gesang ertönen ...« Und wieder hinter allem die dumpfe Ahnung, auch dies hier sei lediglich eine Insel wie andere und ganz gewiss noch nicht das goldstrahlende Zipangu.

Er schickt seine Männer aus. Sie stoßen auf leere Dörfer. In den Hütten aus Palmenzweigen flattern dressierte Vögel, und Hunde streichen herum, die niemals bellen. Und dann kehrt ein Spähtrupp zurück – der im Bordbuch zum ersten Mal erwähnte Luis de Torres hat dazugehört –, der ganz Erstaunliches berichtet.

Sie hätten Menschen mit gerollten Pflanzenblättern zwischen den Fingern gesehen. Diese Stäbchen aber hätten geglommen, und die Menschen hätten daran in Ab-

Tabak wurde schon vor Kolumbus in Nord- und Südamerika angebaut. Er wurde gekaut, in der Karibik geschnupft und auch als Wundheilmittel eingesetzt. Ihn zu rauchen, ergab sich wohl aus priesterlichen Weihezeremonien. Die Spanier lernten das Rauchen erst auf Kuba kennen, obwohl schon bei der ersten Landung auf San Salvador Columbus wahrscheinlich Tabakblätter als Willkommensgeschenk überreicht worden sein könnten. Tabakkauen lernten Europäer 1499 in Venezuela kennen, das Pfeiferauchen brachte der Portugiese Pedro Alvares Cabral um 1500 nach Europa, und der Name Tabak leitet sich wohl aus dem auf den Antillen üblichen Ausdruck »tobacco« (Pfeifenrohr oder -stiel) ab.

26 Indianische Tabakraucher auf Kuba. Illustration aus ›Epistola Christofori Colom: de Insulis Indie … inventis‹, Rom 1493

ständen gesogen und gleich wieder dicken Qualm ausgestoßen, mit sichtbarem Genuss. In der Luft hätte dabei ein ganz seltsamer, keineswegs unangenehmer Geruch gelegen, wie von einem aromatischen Feuer.

Die **Kartoffel** wurde von den Indianern in den Zentralanden angebaut. Um 1500 kam die Pflanze nach Spanien und wurde als »patata« zunächst auf den Kanarischen Inseln und in Andalusien gezüchtet. Sie galt ihrer schönen Blüten und des üppigen Laubs wegen als Zierpflanze. Der deutsche Name »Kartoffel« leitet sich von den Trüffeln (tartufolo) ab, mit denen die Kartoffel verglichen wurde, nachdem man ihren Wert als Nahrungsmittel erkannt hatte. Vor allem durch die Agrarpolitik Friedrichs des Großen wurde sie im 18. Jahrhundert in Deutschland heimisch.

In Nordchile und Venezuela wurden von Inkas und Azteken die »tomatl« angebaut, aus denen die **»Tomaten«** wurden. 1498 brachte sie Columbus nach Europa. Die Tomate wurde zunächst in Spanien und Italien heimisch, zunächst noch als kirschengroße, gelbe Frucht. In Deutschland setzte sie sich erst in den zwanziger Jahren des letzten Jahrhunderts durch.

Tabak. Tobacco. Und es hätte selbst die visionären Gaben eines Columbus überfordert, hierin schon jetzt das »Gold« zu erkennen, das sich später aus diesen Pflanzenröllchen gewinnen ließ. Wie sich überhaupt, ähnlich wie Jahrhunderte später die Teflonpfanne und andere Nebenbei-Produkte der Raumfahrtforschung, einige der wichtigsten Entdeckungen mehr zufällig, gleichsam en passant ergaben.

Jene Netze zum Beispiel, die als »Hängematten« zwischen zwei Pfosten gespannt die entschieden komfortablere Bettstatt abgaben als nackte Schiffsplanken, oder die schlanken, wendigen, sehr praktischen Boote, so genannte »Kanus«, oder jenes Gemüse, das in der Erde wuchs und später zur »Kartoffel« wurde. Oder auch die andere, an Sträuchern sprießende knallrote Frucht, die Tomate.

Amerikas eigentliche Schätze. Aber seines Entdeckers Blick bleibt starr auf mögliches Gold gerichtet. Alles andere? Nur Nebensächlichkeiten, allenfalls. Im übrigen: Wo, bitte, geht es nach Zipangu? Kuba ist es schon mal nicht. Aber ein anderer Name taucht dort auf, Babeque. Dort also soll das Gold offen am Strand liegen, nachts bei Fackelschein wird es aufgelesen …

Eine japanische Insel oder indisches Festland: von dieser Vorstellung war Columbus bei der Insel **Kuba** nicht abzubringen. In der ersten Hälfte des 16. Jahrhunderts unterwarfen die Spanier Kuba und rotteten die Urbevölkerung der Arwaks fast vollständig aus, wie Las Casas in seinem ›Bericht über die Verwüstung der westindischen Länder‹ erzählt: »Einst, als wir uns wohl noch zehn Meilen des Weges von einem großen Flecken befanden, kamen uns die Indianer zum Empfang entgegen, und brachten uns Lebensmittel und andere Geschenke … Aber plötzlich fuhr der Teufel in die Christen, so, dass sie in meinem Beisein, ohne die mindeste Veranlassung oder Ursache, mehr als dreitausend Menschen, Männer, Weiber und Kinder, darnieder hieben.«

Babeque also! Das neue Traumziel!

Columbus nimmt gleich noch ein paar Indios mit, sicherheitshalber mit ihren Familien, denn das haben schon die portugiesischen Sklavenhalter erlebt: dass einzelne Männer, undankbar, wie Farbige nun einmal sind, bei der ersten Gelegenheit gleich wieder fliehen. Das soll Columbus nicht passieren. Allerdings werden auch ihm zwei der gekidnappten Jungen entkommen. Columbus schert das nicht groß. Der Blick geht wieder hinaus aufs Meer. Strikt Süden ist der Kurs, für alle drei Schiffe. Doch was – es ist der 21. November – macht dort drüben die »Pinta« unter Martin Alonso Pinzóns Kommando? Sie dreht ab, steuert nach Osten. Schon bald entschwindet sie am Horizont. Das ist glatte Befehlsverweigerung und eigentlich schon Meuterei.

Wohl schon seit längerem muss es zwischen den beiden Männern gegärt haben. Wütend merkt es jetzt Columbus an, während zuvor über Pinzón kein böses Wort gefallen war: »Er hat mir auch vieles andere gesagt und angetan.«

Auf der Reise blieb der Konflikt noch verdeckt durch wechselseitigen kameradschaftlichen Respekt. Man brauchte einander, das wusste man. Aber jetzt ist der Gegensatz wieder da. Fachmann gegen verschwärmten Amateur. Und immerhin vorstellbar, dass Pinzón, der knallharte Pragmatiker, genug von den tastenden Irrfahrten des merklich unsicheren, in der Gegend ohne rechtes Ziel herumtappenden Columbus hat. Er fährt jetzt den eigenen Kurs, »ohne dass ihn widrige Winde dazu genötigt hätten, einzig und allein, weil er es so wollte«, wie es das Bordbuch grimmig anmerkt.

»Niña«-Kapitän Vicente Pinzón hält hingegen dem Admiral die Treue. Mit ihm und den beiden verbliebenen Schiffen segelt Columbus los, dem ersehnten Babeque entgegen. Er findet es nicht, stößt dafür auf eine andere Insel von solcher Naturpracht, dass er dieses Paradies »Hispaniola« tauft, das kleine Spanien. Es wurde die erste spanische Kolonie in Amerika mit der Hauptstadt Santo Domingo.

27 Kartenskizze des Columbus von einem Küstenabschnitt der Insel Hispaniola (Haiti)

Erst spätere Zeiten sollten dann zum Eingeborenenwort »Haiti« zurückkehren, und endlich sollte es neben Haiti gleich noch einen zweiten Staat auf dieser Insel geben, die Dominikanische Republik, hervorgegangen aus dem 1697 von Spanien an Frankreich abgetretenen westlichen Drittel. Die Einwohner waren da aber schon lange nicht mehr die längst ausgerotteten Arwaks (oder Tainos) der columbischen Zeit, sondern Sklaven aus Afrika, die hier ihre neue Heimat gefunden hatten.

Das alles lag noch sehr fern, als Columbus am 6. Dezember, dem Namenstag des heiligen Nikolaus, haitianischen Boden betritt und den ersten der Naturhäfen »Puerto de San Nicolas« tauft. Zu den Menschen dort ist er freundlich und ganz Kavalier, als ihm seine Leute eine bildschöne, aber mal wieder splitternackte junge Dame bringen. Er wird sie kleiden, mit allerlei Tand aus seiner Talmi-Schatulle herausputzen, sie endlich zu ihrem Mann zurückgeleiten lassen, »dies mit allen Ehrenbezeigungen, wie es seine Gewohnheit war«. So was schafft Freunde.

Die Menschen von Haiti fassen Vertrauen zu diesen seltsam vermummten, mit allerlei merkwürdigen Geräten ausgestatteten, wie vom Himmel gekommenen Gestalten mit den schönen Geschenken und der eigenartigen Gier nach Gold. Sie starren bewundernd auf ihre Schiffe, die wohl so etwas wie schwimmende Häuser sind. Und dann – es ist der 16. Dezember, man ist bei schwachem Wind weitergesegelt, ankert jetzt in einer Bucht, die man später den Puerto de Paz, den »Hafen des Friedens« nennen wird – kündigt sich hoher Besuch an.

Ein König, wie ihn Columbus im Bordbuch nennt. Wohl eher ein Häuptling, ein »Kazike«, wie hier die Oberen heißen. Columbus hört prompt aus dem Wort eine Anspielung auf den »Khan« und wähnt sich einmal mehr in Asien.

Jetzt also zieht dieser Kazike heran, feierlich in einer Sänfte getragen, ein noch junger Mann, höchstens einundzwanzig, wie Columbus schätzt, natürlich ohne einen Fetzen am wohlgestalten Leib, wie er gleichfalls anzumerken nicht vergisst, umgeben von den »schönsten Männern und Frauen, die sie bis dahin gesehen hatten« und so hellhäutig, dass sie fast europäisch anmuten.

Columbus bittet sie an Deck, setzt ihnen kastilische Speisen vor, von denen der junge Mann höflich kostet, bevor er sie kommentarlos an sein Gefolge weiterreicht. Man versteht sich dennoch gut, und der Kazike – aus Plauderlust? Vielleicht auch, um die am Ende doch nicht so ganz willkommenen Besucher wieder loszuwerden? – weiß viel von den Goldschätzen auf der gar nicht fernen Insel Babeque zu berichten.

Columbus schluckt das alles nur allzu gierig. Und notiert schon mal mit Blick auf die Besucher für künftige Zeiten machtbewusst: »Sie tragen keine Waffen, gehen alle nackt herum und wissen gar nichts vom Waffengebrauch, ja, sie sind sogar ziemlich feige … deshalb sind sie dazu geeignet, dass ihnen befohlen wird und dass man sie arbeiten, das Feld bestellen und alles andere tun lässt, was notwendig ist, dass sie Siedlungen anlegen, dass sie lernen, in Kleidern zu gehen, und dass sie unsere Sitten annehmen …« Denn etwas Besseres könnte solchen Wilden doch wohl nicht passieren, als künftig brave Diener weißer Herren zu sein.

Die Welt der Karibik, in die Columbus hier eintaucht, ist allerdings nicht ganz so idyllisch, wie es in solchen Augenblicken scheint. Wohl schon im Gespräch mit dem jungen Kaziken und später immer häufiger ist von einem anderen Stamm auf einer anderen Insel die Rede, und diese »Kariben« sind zwar auch sehr menschenfreundlich, aber in etwas anderer Hinsicht: Sie fangen sie und fressen sie auf.

Jedenfalls ist nach ihren Überfällen von ihren Gefangenen nie wieder etwas gesehen worden, und die Indios hier leben in nahezu panischer Angst vor diesen Unholden, die plötzlich über sie hereinbrechen und dann nicht Mann, nicht Weib verschonen.

Columbus lächelt überlegen. Arme Toren! Diese Kariben sind natürlich nichts anderes als Mannen des Großen Khan, und sie fressen ihre Gefangenen nicht, sie machen sie lediglich zu ihren Sklaven, wie das nun mal üblich ist, in Europa nicht anders als im Fernen Osten.

Die schönen Tage von Haiti ziehen sich hin. Weihnachten rückt heran. Ein anderer Kazike, von noch höherem Rang, hat sich gemeldet, vorerst nur indirekt, aber er lädt die Fremdlinge zu sich nach Hause ein. Columbus' Augen leuchten, als er das mit der Einladung überbrachte Geschenk sieht, eine als Gürtel zu tragende Maske mit gelb funkelnden Augen und Ohren.

Gold! Wieder Gold! Nun endlich scheint das El Dorado ganz nah zu sein.

»Santa María« und »Niña« segeln los. Glattes Meer, Stillstand. Träge Ruhe breitet sich aus. Ein übermüdeter Columbus – zwei volle Tage und Nächte hat er nicht geschlafen – zieht sich in seine Kajüte zurück. Das Kommando an Bord, eigentlich, hat Juan de la Cosa, Eigentümer der gecharterten »Santa María«, bei der er selber als Erster Offizier angeheuert hatte. Auch er gähnt jetzt kräftig und spürt gesunde Müdigkeit in allen Knochen. So passiert denn, was nie hätte passieren dürfen. Pflichtvergessen überlässt de la Cosa das Ruder einem ahnungslosen Schiffsjungen.

Aber was kann denn auch groß geschehen? Kein Sturm droht, kein mörderischer Wellengang. Nur die Strömung, an Deck kaum zu spüren, zieht am Schiff. Der Junge am Steuer, wohl selbst halb eingedöst, merkt das nicht. Bis er erschrocken hochfährt. Was ist denn das für ein höllisches Geräusch?

Ein Kratzen, ein Schrammen. Stein gräbt sich in Holz. Die sachte abgetriebene »Santa María« ist aufgelaufen, ihr tief hinabhängender Bauch rammt ein Riff. In hell lodernder Panik ist nun der Junge völlig wach.

Nicht nur er. Alle auf dem Schiff schrecken aus ihrem Schlaf auf, auch Columbus. Er kommt an Deck. Und weiß bald: Seine schöne, so stolze »Santa María«, das Admiralsschiff – es ist verloren. Eine böse Weihnachtsüberraschung an diesem 25. Dezember 1492.

Ein Hilferuf geht zum höflich wartenden Kazike hinüber, von dem man – anders als bei dem jungen zuvor, weshalb die beiden zuweilen miteinander verwechselt werden – den Namen weiß, Guacanagarí. Der schickt seine Leute los. Mit ihrer Hilfe wird nun die »Santa María« entladen, und nicht die geringste Kleinigkeit, Columbus merkt das in deutlicher Verwunderung an, wird dabei entwendet, wie es wohl in Europa selbstverständlich wäre. Die Menschen hier sind eben noch ganz unzivilisiert.

Columbus bittet den inzwischen herbeigeeilten Guacanagarí an Deck der verbliebenen »Niña«, man setzt sich zum Essen, der Kazike in Kleidern, die ihm der Admiral überlassen hat. Es gibt Krebse, allerlei Wildbret, dazu die landesüblichen Süßkartoffeln, die Bataten. Danach – wie-

Nirgends in Kastilien hätte ich treuere, eifrigere Hilfe finden können als hier. Mit großer Umsicht ordnete der Kazike an, dass alles so lange bei den Häusern seiner Stadt niedergelegt werde, bis Verfügung getroffen sei, wie die Schiffsladung geborgen werden solle. Bewaffnete Männer wachten die ganze Nacht, damit nichts entwendet werde. Ich gebe Euren Hoheiten die Versicherung, dass es in der weiten Welt keine besseren Menschen und kein besseres Land gibt. Sie haben eine wahrhaft liebenswürdige Art zu reden und stets ein freundliches Lächeln bereit.

Columbus im Bordbuch

der staunt Columbus – säubert sich der fremde Fürst sorgsam die Hände, erst mit Kräutern, dann mit Wasser.

Es wird ein schöner Abend. Dennoch bleibt als düsteres Fazit, dass es eine »Santa María« nun nicht mehr gibt. Keine, auf der sich heim nach Spanien segeln ließe.

Denn zur Zeit des Jahreswechsels 1492/93 scheint Columbus schon entschlossen, die Reise abzubrechen und zurückzukehren, auch ohne Goldschatz. Der Untergang der »Santa María« liefert dafür den Vorwand. Mit nur einem Schiff, dazu noch der kleinen »Niña«, seien weitere Erkundungsfahrten nicht möglich. Der tiefere, wahre Grund ist aber noch ein anderer. Der heißt Martin Alonso Pinzón.

Eher verstohlen findet sich im Bordbuch die Eintragung, der andere könne am Ende vor ihm in Spanien sein und Lügen über ihn verbreiten, schließlich gar, dass er, Columbus, und nicht Pinzón fahnenflüchtig geworden sei. Die Sorge dahinter ist deutlich.

Wird der andere, ist er erst mal nach Spanien zurückgekehrt, allen Ruhm der Entdeckung auf sich ziehen? Hat er etwa den erhofften Goldschatz gefunden und wird ihn nun als ganz persönlichen Triumph dem Herrscherpaar präsentieren? Um diese Zeit gibt es wohl keine Schlechtigkeit, die Columbus dem einstigen Partner nicht zutrauen würde.

Nach dem ersten Schock über den Verlust der »Santa María« findet Columbus allmählich wieder zur vertrauten Großmäuligkeit zurück, die bisher noch jede Schlappe in einen heimlichen Triumph umgemünzt hat, und auch der Untergang des Flaggschiffs, erfahren seine Leute, sei ein

> Die Stelle dieses Schiffbruchs ist eine mächtige, mit Korallenriffen besetzte Sandbank, welche sich in der Richtung von Südost nach Nordwest dem heutigen Hafen von Kap Hayti vorlagert und noch gegenwärtig den Zugang zu dieser geräumigen Bai zu einem sehr gefährlichen macht.
>
> *Rudolf Cronau, Amerika, 1892*

28 Columbus segelt durch schwere See. Stich von Andrianus Collaert, 1585

Gotteszeichen und ein großes Glück dazu, nämlich »der feste Wille Gottes, das Schiff an jener Stelle stranden zu lassen, damit er dort Leute ansiedele«. Wer denn wohl – er sieht sich um – zum Bleiben bereit wäre?

Alle. Oder wenigstens mehr, als Columbus für seine Heimfahrt entbehren könnte. Das Los muss entscheiden, und es sind schließlich 39 Mann, die hier in der herrlichen Landschaft bleiben dürfen, um in aller Ruhe Gold suchen und sich in der Zwischenzeit – wann wäre das so im dumpf keuschen Spanien möglich? – Liebesspielen mit den hüllenlosen Indio-Mädchen hingeben zu können. Columbus unterstellt den Trupp seinem Freund Diego de Harana.

Ein Fort entsteht, zum Teil aus den Planken der abgewrackten »Santa María«. »Villa de la Navidad« soll der Flecken heißen, die erste »weiße Siedlung« auf amerikanischem Boden. Columbus legt sie noch dem neugewonnenen Freund Guacanagarí ans Herz. Dann kann es, bei starkem Ostwind am 5./6. Januar, zurück ins altvertraute Europa gehen. Zuvor stellt sich jedoch noch überraschend ein Rückkehrer ein, der etwas bedeppert dreinschauende Martin Alonso Pinzón an Bord seiner »Pinta«.

Nein, er sei keineswegs einfach so losgefahren, widrige Winde hätten ihn abgetrieben, er hätte gar nicht anders gekonnt, als nach Osten statt nach Süden zu segeln. Columbus glaubt ihm kein Wort. Aber er klagt ihn auch nicht an. Denn er hat eben erlebt, wie stürmisch sich die Brüder Pinzón begrüßt haben. Er braucht beide für die Heimfahrt. Dann wird man weitersehen. Der Bruch mit der Pinzón-Clique wird allerdings nicht mehr zu kitten sein.

Die Rückreise beginnt, das eigentlich noch größere Risiko als die Hinfahrt. Denn da hatten sich die Schiffe noch auf erklügelter Route vom genau erkundeten Passat-Wind treiben lassen können. Jetzt muss ein völlig neuer Kurs gefunden werden. Und es ist Winter, Stürme kommen auf, wie sie Columbus und seinen Leuten bei der Hinreise erspart geblieben waren, so am 13. und 14. Februar: »Das Meer wurde furchtbar, und die Wogen, die die Schiffe bestürmten, überkreuzten sich.«

Keine Navigation hilft mehr, nur noch der Herrgott oben im Himmel. Mit gefalteten Händen knien die Seeleute an Bord, flehen ihren Schöpfer an. Columbus ist vorgetreten, in der Faust einige Erbsen. In die eine hat er ein Kreuz geschnitten. Wer sie bei der Verlosung bekommt, wird, so sie alle je den Naturgewalten entrinnen, stellvertretend für die anderen eine Wallfahrt zur Heiligen Maria von Guadalupe unternehmen und ihr eine fünf Pfund schwere Wachskerze opfern.

Columbus selbst bekommt die Erbse mit dem Kreuz.

Gleich holt er zur nächsten Verlosung aus. Diesmal geht es um eine Wallfahrt zur Heiligen Maria von Loreto, ein einfacher Matrose namens Pedro de Villa ist der Gewinner oder, wie man es eben sieht, Verlierer. Großzügig erklärt sich Columbus bereit, die Reisekosten zu übernehmen. Und als ein drittes Mal gelost wird, diesmal um eine Wallfahrt ins Kloster Santa Clara de Moguer, trifft es wieder ihn selbst.

Das aufgewühlte Meer, siehe!, es hat aber ein Einsehen und beruhigt sich allmählich. Mehr noch: Bei Sonnenaufgang kommt Land in Sicht, Madeira vielleicht oder sogar schon das portugiesische Festland.

Es sind die Azoren.

In den Männern schwingen noch alle überstandenen Schrecken nach, und einige brechen sogleich, nachdem sie geankert haben, zu einer eigenen kleinen Wallfahrt auf, in eine nahe gelegene kleine Kapelle. Dort knien sie nieder, nur mit einem Hemd bekleidet, sie danken Gott und der gnädigen Mutter Maria. Aber andächtige Stimmung kommt nicht so richtig auf. Draußen vor der Kapelle stampfen Rosse, klirren Waffen.

Das sind nicht die friedlichen Wilden von Hispaniola oder San Salvador. Hier steht Portugals Gouverneur vor ihnen, herrscht sie an: Was denn die verdammten Spanier im portugiesischen Hoheitsgebiet zu suchen hätten, he? Ach, aus Indien kommt ihr gerade zurück, seid Leute dieses Columbus, den die portugiesische Majestät schon einmal zum Teufel geschickt hat …

Die Männer werden arretiert, und ihr Admiral wird unter Hinweis auf die gerade zwischen Portugal und Spanien geschlossene Freundschaft – der portugiesische Infant und künftige König Manuel sollte eine Tochter Isabellas freien – all seine Diplomatie aufwenden müssen, um sie wieder freizubekommen. Aufatmend segeln sie weiter. Europa, sie haben es gerade zu spüren bekommen, hat sie wieder. Jetzt aber wird es endlich in die spanische Heimat zurückgehen.

Nein, noch nicht. Das Schicksal, im Fall der Entdeckung Amerikas so launisch wie selten, will es anders und verschlägt die vom Sturm stark mitgenommenen Schiffe zunächst einmal an die portugiesische Küste. Dort klettert ein Offizier mit bewaffneter Begleitung an Bord: Der Herr Columbus möge sich an Land verfügen, den Beamten des Königs Rede und Antwort zu stehen.

Columbus weigert sich empört. Er ist nunmehr laut Vertrag mit der spanischen Krone Admiral der Weltmeere, dazu künftiger Vizekönig aller entdeckten Gebiete, er sei einzig den Katholischen Majestäten irgendwelche Rechenschaft schuldig. Der Streit wird beigelegt.

Der Zufall oder wieder das Schicksal wollen aber, neuerliche Ironie!, dass gerade dieser Offizier kein anderer als jener Bartolomeo Diaz ist, der Kap-Umsegler und damit beim Wettlauf über die Meere Columbus schärfster Konkurrent. Ob sich aber die Herren übers rein Amtliche hinaus etwas zu sagen hatten, wissen wir nicht.

Noch immer geht es nicht nach Spanien. Denn nun lässt Portugals König, der gleiche zweite João, der vor noch nicht langer Zeit den Bittsteller Columbus mit einem Fingerschnipsen aus seinem Vorzimmer entfernt hat, den Heimgekehrten wissen, er wünsche ihn zu sprechen. Nein, nicht in Lissabon, dort wüte gerade die Pest, in einem Kloster etwas außerhalb der Stadt.

Eine solche Einladung kann auch Columbus nicht abschlagen. So macht er sich auf den Weg, und sie sitzen sich gegenüber – jawohl, sie sitzen, Columbus darf in Gegenwart des Königs Platz nehmen wie von Gleich zu Gleich! –, der Herrscher und der Weltenentdecker. Majestät gibt sich gütig, lässt nur am Anfang stichelnd durchscheinen, eigentlich habe wohl doch er und nicht die Kollegen drüben in Spanien Anspruch auf die neu entdeckten Gebiete. Columbus stellt sich taub.

Sagten denn nicht alle, dass Columbus ein bisschen verrückt sei? Auch von Don Quijote sagte man es, man schrieb es. Alle beide wurden weltbekannte Gestalten … Sie ließen neue Freiheiten ahnen, die nur zu erlangen waren, wenn man dem gesunden Menschenverstand, der Autorität des Wissens und den üblichen Bahnen, in denen das Leben dem stillschweigenden Einverständnis der Allgemeinheit zufolge verläuft, eine Absage erteilt.

Gianni Granzotto, Christoph Columbus, 1985

Der Rest ist unverbindlich huldvolle Höflichkeit, doch was für Gefühle mögen den einstigen armen Schlucker aus Genua in diesem Augenblick durchströmen: Wie anders war ihm doch, als er bei diesem gleichen König antichambrieren musste, als Hasardeur missachtet, als Spinner abgetan …

Das Triumphgefühl mag sich ins Unermessliche steigern, als er endlich, am 15. März 1493, in Palos eintrifft. Jubel empfängt ihn, das enthusiasmierte Volk trägt ihn auf den Schultern davon. Obgleich doch eigentlich sein konkreter Erfolg so riesig nicht ist.

Keine Goldschätze, mit denen sich Christi Grab aus den Klauen der Heiden befreien ließe. Nur ein paar Schmuckstücke und Goldkrümel, und an Bord der Schiffe gerade mal zehn recht armselig vor sich hinstarrende Braunhäutige, die benommen, wie zu Statuen versteinert, allen abendländischen Trubel über sich ergehen lassen. Ob aber diese zehn nun wirklich Inder sind, der Admiral wirklich den Seeweg nach Indien fand …

Dennoch. Columbus ist Held der Stunde. So weit oben, dass es von nun an eigentlich nur abwärts gehen kann. Und noch immer weiß man nicht, wo genau sich das Reich des Kublai Khan befindet. Und wo es nach Zipangu geht.

Schwört, dass ihr in Indien seid!

Noch an Bord der »Pinta«, gleich nach dem großen Sturm und allem überstandenen Schrecken, als Columbus schon meinte, nie mehr zurückzukehren, hat er, außer dem Bordbuch, einen weiteren Bericht über die Reise und seine Entdeckungen verfasst. Er hat ihn in Wachstuch gerollt, die Bitte, wer ihn auch finde, möge ihn an den spanischen König weiterleiten, hinzugefügt und in einem Fass dem Meer übergeben.

Dieser Bericht wird für immer verschwunden bleiben.

Nehmen wir aber an, er sei gefunden worden, an irgendeiner Küste, Columbus selbst jedoch draußen auf dem Meer geblieben. Das Bild eines strahlenden Siegers der Geschichte wäre uns von ihm geblieben, und fast wünscht man sich, dieser Fall wäre damals wirklich eingetreten.

Denn von der Rückkehr nach Spanien an liest sich der Weg des Columbus immer mehr wie die Chronik eines unaufhaltsamen Niedergangs, hierin ähnlich wie die eines anderen »Vaters der Neuzeit«, Martin Luther, der nach endlich vollzogener Reformation zum Schatten seiner selbst absinken und mit seinen gestammelten Predigten die anderen nur noch verschrecken und langweilen sollte. Und gleich noch findet sich eine andere Parallele.

Luther, wir erinnern uns, hatte sich keine neue Kirche, er hatte sich die Kirche nur neu gewünscht. So wie Columbus nicht Amerika entdecken, sondern den Seeweg nach Indien finden wollte. Während Luther sich aber schließlich mit der Einsicht arrangieren muss, nun so etwas wie ein neuer Kirchenvater geworden zu sein, bleibt Columbus felsenfest bei seiner einmal gefassten Meinung.

Er ist in Indien angekommen und nirgendwo sonst. Hiervon ist er noch 1493 bei seiner Rückkehr überzeugt und mit ihm das übrige Europa auch, selbst als im Jahr darauf erstmals das Wort von der »Neuen Welt« aufkommt und danach immer häufiger gebraucht wird, bis hin zu Amerikas angeblichem Entdecker und schließlichem Namensgeber Amerigo Vespucci, während Columbus selbst immer von einer »anderen Welt« sprechen wird. Doch ist das fast schon wieder egal.

Die »Neue« oder »andere Welt« in seinen und der meisten seiner Zeitgenossen Augen – das ist eben das gleichsam neu, auf dem Seeweg entdeckte Indien und zunächst einmal der Mann aus Genua sein noch unangefochtener Entdecker, der um diese Zeit wohl berühmteste Mann im ganzen Abendland, woran auch, so eifrig er sich müht, der gleichfalls heimgekehrte Martin Alonso Pinzón nichts mehr zu ändern vermag.

Der war im Februarsturm – und diesmal tatsächlich – vom gemeinsamen Kurs abgetrieben worden, fand sich endlich an der galizischen Küste wieder und sandte von dort eilige Botschaft an den König: wann er denn vorstellig werden und von allen wunderbaren Entdeckungen berichten dürfe.

Barsche Antwort: gar nicht. Es sei denn in Columbus' Gesellschaft, dem der Vortritt gebühre. Und in Palos trifft Pinzón gerade noch rechtzeitig ein, um dort im Hafen die »Niña« mit dem wohlbehaltenen Rivalen an Bord ankern zu sehen. Das wird Pinzón nie verwinden. Bald darauf stirbt er, wohl an den Folgen einer Grippe und in seiner und einiger Lokalpatrioten grimmiger Überzeugung, der eigentliche Entdecker der Neuen Welt zu sein.

Columbus braucht das nicht zu kümmern. Gefeiert, als hätte hier einer gleich noch einmal die Mauren vertrieben, zieht er in diesen Wochen durch Spanien. Jeder will ihn sehen, ihm zujubeln. Jeder weiß schon von seinen Taten. Denn Columbus hat vorgesorgt, hatte einen weiteren Bericht an den großen Gönner Santángel geschickt, der ihn eiligst drucken und verbreiten ließ, in vieltausendfachen, bald schon in ganz Europa verbreiteten, von unzähligen Menschen verschlungenen Exemplaren.

29 Handel mit den Indianern auf Hispaniola. Illustration aus ›Epistola Christofori Colom: de Insulis Indie ... inventis‹, Rom 1493

Der Bericht des Columbus ist um die Wende vom 15. zum 16. Jahrhundert der abendländische Bestseller schlechthin und damit ein weiterer früher Triumph des jungen Buchdrucks, ohne den Columbus nie so rasch berühmt geworden wäre. Er ist, wenn man so will, ein allererster Medienstar der neuen Zeit.

Er hätte es nicht werden können, hätte sein Erfolg nicht so präzise zum Zeitgeist gepasst: Seht mal, scheint sich darin auszudrücken, diese Erde ist nicht nur rund. Sie bietet jenseits der Meere noch Möglichkeiten, von denen man sich bislang nichts träumen ließ, und an jedem Einzelnen wird es künftig liegen, ob er sie nutzen will oder nicht. Wie dieser Columbus, dieser einfache Wollwebersohn ohne Titel und hohe Geburt.

Der hat sie genutzt, und siehe da: Nun darf er dort in Barcelona vor seinem König zierlich das Knie beugen, seiner Königin die Hand küssen, zwischen ihnen beiden an der Tafel Platz nehmen und die Gesellschaft mit der Posse vom auf die Spitze gestellten Ei ergötzen. Und nur sehr genaue Beobachter fragen, wie lange wohl dieser Glanz währen wird.

Denn erblicher Adelstitel, Admiralswürde, drüben in den neuen Ländern Vizekönig und damit fast allmächtig, riesiger Reichtum zudem, wenn erst die Goldquellen zu sprudeln beginnen: alles schön und gut. Nur will dies alles gesichert sein. Auch Columbus mag das ahnen. So drängt es denn den Vizekönig bald schon zurück in sein neues Reich. Und nicht nur ihn.

Auch die Majestäten haben es eilig. Denn ein weiteres Mal und jetzt schon dringlicher hat sich Portugals João II. gemeldet, der nunmehr ganz unverhohlen und unter Berufung auf den Vertrag von 1479 seine Ansprüche auf die neuen Gebiete anmeldet. Schon droht er mit seiner Flotte, die zu dieser Zeit um einiges stärker als die spanische ist, und im Jahr darauf wird es den Schiedsspruch des spanierfreundlichen Papstes Alexander VI. brauchen, um wieder friedliche Zustände zu garantieren. Er teilte die Erdkugel in zwei Hälften. Die östliche sollte Portugal, die westliche Spanien gehören. Im Vertrag von Tordesillas wurde 1494 die Trennlinie noch einmal zu Gunsten Portugals verschoben. Sie schien allerdings zunächst nur durch den Ozean zu verlaufen.

Um diese Zeit befindet sich Columbus mitten im Kampf um seine Entdeckung. Am 25. September 1493 war er losgesegelt, diesmal von Cadiz aus, Spaniens ältestem und größtem Hafen am Atlantik, an Bord einer neu entstandenen »Santa María«, mit sechzehn weiteren Schiffen im Gefolge, zwei großen und vierzehn leichten, die bewährte »Niña«, nun in »Santa Clara« umgetauft,

Unser Wille ist, dass Ihr das Werk, das Ihr mit Gottes Hilfe begonnen habt, fortführt und ausbaut, und so wünschen Wir, dass Ihr Euch unverzüglich zu Uns begebt. Macht Euch auf den Weg zu Uns, damit wir Euch beizeiten mit allem versehen können, was Ihr braucht. Denn da Ihr seht, dass der Sommer schon begonnen hat, darf Eure Rückkehr nach drüben nicht verzögert werden.

Aus der Einladung an den Hof nach der Rückkehr 1493

gehört dazu. Und weit über tausend Mann begleiten den Admiral.

Diesmal hatte es keines Pinzón bedurft und keiner großen Überredungskunst. Alles drängt sich, hinüber in die neue Welt zu kommen. Nicht nur Seeleute. Auch Handwerker, Techniker, Bauern. Priester sind diesmal auch dabei. Und Platz für Tiere gibt es ebenfalls, für Pferde und Schafe. Unter Deck kläfft und bellt es aber. Das sind abgerichtete Bluthunde, die fast schlimmste Waffe der Spanier, was die Indios noch zu spüren bekommen werden.

Ein menschlicher Bluthund ist gleichfalls von der Partie, Alonso de Hojeda, das zwergenhaft kleine Kraftbündel aus krimineller Energie und purer Grausamkeit, das Dieben, indianischen natürlich nur, kurzerhand die Hände abhacken lässt. Drüben in der Neuen Welt wird man noch seine speziellen Qualitäten kennen lernen.

Zunächst aber läuft alles ganz harmonisch an. Wieder Zwischenstation in La Gomera, ein Wiedersehen mit der schönen Beatriz, doch wenn es je zwischen ihr und Columbus eine *love affair* gab, dann eine ohne Happy End.

Alonso de Hojeda (um 1466/70 bis 1515/16) war zunächst Sekretär des späteren Columbus-Feindes Juan de Fonseca und nahm in seiner Erscheinung den Typ der späteren »Konquistadores« (Eroberer) vom Schlag eines Hernando Cortez oder Francisco Pizarro vorweg, skrupellos, brutal und hemmungslos goldgierig. Auf Hispaniola entdeckte er die ersten größeren Goldvorkommen. Später, mit einer wohl von de Fonseca besorgten Erlaubnis des Königs, erkundete er auf drei eigenen Entdeckungszügen 1499/1500 Südamerikas nordwestliches Küstengebiet, entdeckte die drei kleinen Antilleninseln Aruba, Bonaire, Curaçao (ABC-Inseln) und gab dem Küstenstrich auf dem Festland den Namen »Venezuela« (Klein-Venedig) wegen der gesichteten Pfahlbauten der Eingeborenen.

La Gomeras Gouverneurin wird bald danach einen anderen ehelichen. Columbus überquert aber bei »marmorglatter See«, wie der Chronist dieser zweiten Reise, der Bordarzt Diego Álvarez Chanca, anmerkt, in nur drei Wochen den Ozean.

Bei der Ankunft der schon vertraute Ablauf: Fahrt von Insel zu Insel, Namensgebungen, Dominica, Marie Galante, der erste Ankerplatz, wo man auf Spuren von Kannibalismus stößt, Guadalupe. Nur die Einheimischen geben sich nicht ganz so harmlos und freundlich wie beim ersten Mal. Pfeile fliegen, die Spanier sind empört: Die benehmen sich ja wie sie selber!

Die Fahrt geht weiter, und Columbus hält sich diesmal nicht lange mit den Inseln auf. Ihn zieht alles nach La Navidad. Dort haben inzwischen seine Männer, hofft er, gewaltige Mengen Gold geborgen und wie befohlen im Brunnenschacht in Sicherheit gebracht. Es soll aber eine böse Überraschung geben, und kein noch so gewiefter Horror-Autor hätte diese Rückkehr nach La Navidad ähnlich gruselig-spannend erdichten können.

Zunächst einmal, schlimmer Schreck!, stößt man auf zwei Leichen, einen Mann, einen Knaben. Der Knabe ist wohl ein Indio, der Mann aber, erkennbar am Bartwuchs, muss Spanier sein. Wer aber hat ihn getötet? Und warum ist er gefesselt? Was ist passiert? Nun, die Männer in La Navidad werden das schon wissen. Also erst mal Weiterfahrt.

Man kommt zur Bucht von Samana, wo zu Jahresbeginn Columbus' Rückreise begonnen hatte, und dort irgendwo hinter den Bäumen muss La Navidad liegen. Nur seltsam, dass sich nichts regt. Kein Laut, alles still. Man feuert einen Böllerschuss ab. Doch weiter Totenstille. Allmählich wird es unheimlich. Und dann steht man vor La Navidad.

Nicht vor La Navidad, nein. Nur vor einem Aschenfeld. Mehr ist vom Fort nicht geblieben. Endlich schleichen einige Indios herbei. Mühsam lässt sich aus ihren Wortbrocken rekonstruieren, was hier eigentlich geschehen ist.

Erst hatte es wohl Streit unter den Spaniern gegeben, um Frauen vermutlich, der eine hatte einen anderen erschlagen. Dann brach man zu Streifzügen ins Land auf, in nicht eben friedlicher Absicht. Besonders Rodrigo de Escobedo, Notar des Königs, der noch auf San Salvador die Landnahme beurkundet hatte, tat sich unrühmlich hervor.

Unter den Eingeborenen hatte sich Widerstand geregt. Und endlich unterlief den marodierenden, plündernden, vergewaltigenden Männern ein besonders fataler Fehler, als sie in das Gebiet des Häuptlings Caonabó vorgedrungen waren, in den Hoheitsbereich des Nachbarkaziken.

Caonabó war kein friedfertiger Guacanagarí. Er setzte sich zur Wehr, bis schließlich La Navidad gestürmt und alle noch verbliebenen Spanier hingeschlachtet worden waren. Das Fort selbst wurde niedergebrannt. Aber wo war da Guacanagarí, der Freund, der Schutzpatron?

Columbus steht vor ihm. Klagend verweist der Kazike auf sein lädiertes Bein. Es sei verletzt worden, als er den weißen Freunden helfen wollte. Seltsam bleibt, dass der herbeigezogene Doktor Chanca keinerlei Wunde feststellen kann. Treibt dieser Mann hier ein doppeltes Spiel? Ist er Verbündeter und Verräter zugleich? Auch das wird nie geklärt und Guacanagarí eines Tages erschlagen aufgefunden. Von den Spaniern? Von den eigenen Leuten?

Doch Columbus steht vor ganz anderen Fragen. Seine Schiffe sind gepropft voll Menschen, die untergebracht sein wollen. Aber wo? Columbus besinnt sich auf einen weiter östlich gelegenen Ort, der für eine Siedlung geeignet sein könnte.

Er ist es nicht. Sumpfiges Land, von Mücken überschwirrt, sie tragen Krankheit und Tod mit sich. Columbus entscheidet dennoch, dort zu bleiben. Es ist eben etwas anderes, in seinen Träumen ferne Länder voller Goldschätze zu sehen, als eine Siedlung zu gründen, in der tausend Menschen leben sollen.

Sie bauen sich Hütten, wohl fünfzig. Columbus denkt schon weiter. An einen Palast für sich selbst, den Vizekönig, ein Kloster, eine Kirche, alles aus Stein gebaut, damit es so rasch nicht niedergebrannt werden kann wie La Navidad. Die neue Stadt soll Isabella heißen, nach der großen Gönnerin. Zugleich schickt er eine kleine Expedition los, mit Bluthund Alonso de Hojeda an der Spitze.

In La Navidad hat sich kein Gold gefunden, weder im Brunnenschacht noch sonstwo. Aber es muss, verdammt!, doch irgendwo sein. Tatsächlich kehrt Alonso de Hojeda aus dem Dschungel mit einigen Goldkrümeln zurück, darunter einem Klumpen groß wie eine Orange, und man fragt wohl besser nicht, wie er daran gekommen ist.

Columbus fragt ganz sicher nicht. Er triumphiert. An den König geht ein Schreiben ab, schon bald würde er mehr Gold haben, als sich Eisen in den Minen von Biscaya findet. Zugleich, schon etwas kleinlauter, bittet er um Kleidung, Nahrungsmittel, Medikamente.

Diesen Hilferuf gibt er dem Unterkommandanten Antonio de Torres mit, der nun mit zwölf der Karavellen in die Heimat zurücksteuert, und nicht zufällig hat Columbus gerade ihn ausgewählt, den früheren Erzieher des Infanten und Günstling bei Hof. Auf ihn, hofft sein Admiral, wird man wohl hören, und das ist dringend nötig. Denn um das frisch gegründete Isabella steht es schlimm.

Die mitgebrachten Lebensmittel sind erschöpft. Nichts von dem, was man anpflanzt, will richtig gedeihen. Man

Michele de Cueno, Freund des Columbus, schrieb 1494, dass die Tainos, die Einheimischen der Nordküste von Hispaniola, Papayas, Guaven, Ananas und weit über vierzig andere Früchte zu essen hätten; und Muscheln, Shrimps und Fische aller Art; und Schildkröten, ›exzellent zu essen‹, so de Cuneo. Und fruchtbar sei der Boden, wie leicht wäre es gewesen, dort etwas anzubauen … Die Spanier waren hilfloser als Pauschaltouristen bei Stromausfall. Sie verharrten einfach … Wer in der Karibik am Meer wohnt und sich gesalzenen Fisch aus Spanien bestellt, der angelt nicht. Der kann nicht überleben.

Klaus Brinkbäumer/Clemens Höges, Die letzte Reise, 2004

fängt sich Fisch, man kaut auf Maniok herum, der einheimischen Knollenfrucht, die zu einer Art fade schmeckendem Brot verbacken wird. Viele werden krank, von der Ernährung, vom Klima. Malaria grassiert. Und dann noch eine andere Krankheit, der selbst der versierte Mediziner Chanca hilflos gegenübersteht und von der er nur vermuten kann, dass sie von Indianerinnen beim Geschlechtsverkehr übertragen wird: die so genannte »Lustseuche«, später »Syphilis« genannt.

Die Menschen von Isabella darben oder liegen krank danieder. Voll Hass starren sie auf den, der ihnen das alles hier eingebrockt hat. Dieser Columbus natürlich. Ein Ausländer auch noch. Und wagt es, spanischen Caballeros zuzumuten, auf den Feldern zu arbeiten, um Getreide zu ernten. Wer sind sie denn eigentlich? Und wer ist er, dieser Wollwebersohn, der sich großartig Vizekönig nennt?

Wieder Fronten, wieder ist Columbus der Außenseiter. Kein Titel hilft, keine Ehrung daheim in Spanien, auch kein großer Traum. Sein Mythos bröckelt. Das spürt er genau. Und wird krank. Nein, keine Malaria und keine Syphilis, eher Gicht. Und die Nerven.

Columbus ist überfordert. Die rüde Praxis ist nun mal nicht sein Fall. Er braucht Visionen, die fernen Ziele irgendwo hinter den Wolken. Die sind sein Element. Und

Bei der Belagerung Neapels durch die Truppen des französischen Königs Karl VIII. trat erstmals die später nach einem Gedicht des Italieners Girolamo Fracastoro (um 1530) **»Syphilis«** genannte »Lustseuche« epidemisch auf, hieß deshalb auch lange Zeit »Französische Krankheit« und wurde mit der parallelen Entdeckung Amerikas in Verbindung gebracht. Neuere Forschungen, vor allem bei Knochenfunden in England, ergaben allerdings, dass es auch schon vor Columbus in Europa syphilitische Erkrankungen gegeben haben muss.

dorthin will er zurückkehren, will er vor aller schnöden Realität fliehen. Er geht auf Reisen, ins schon vertraute Kuba hinüber, das er zwar nicht mehr für Zipangu, nun aber für Indiens südlichsten Zipfel hält. Wer aber soll ihn so lange hier in Isabella vertreten?

Columbus trifft eine fatale Wahl, als er sich für seinen jüngsten Bruder Diego entscheidet. Der, ein Feingeist und Bücherwurm, mehr sanft versponnen als energisch, war ihm nach Amerika gefolgt, während sich der robustere Bartolomeo zunächst noch am französischen Hof aufgehalten und sich dann bei der Nachricht vom Erfolg des Bruders nach Cadiz aufgemacht hatte, wo er gerade noch dessen Schiffe am Horizont verschwinden sah.

Jetzt also soll Diego in Isabella an des Bruders Stelle treten, ausgerechnet er, der sich dafür noch weniger eignet als Columbus selbst. Auf ihn wird noch verächtlicher gestarrt als zuvor auf den am 24. April 1495 Richtung Kuba davonziehenden Admiral: noch so ein hergelaufener Ausländer, der Befehle geben zu dürfen meint.

Columbus aber verrennt sich immer mehr in die Vorstellung, Kuba sei Festland. Wie? Die Indios sagen, das sei eine Insel? Törichte Wilde! Die halten alles für eine Insel. Columbus weiß es besser. Und wehe dem aus seiner Gefolgschaft, der ihm nicht glaubt! Bis es zu einer wahrhaft grotesken Szene kommt.

Der Admiral lässt die Mannschaft der drei Karavellen, auf denen er nach Kuba gestartet ist, zusammentrommeln. Schwören soll jeder, jawohl, dass er die Insel dort für Festland – und zwar für indisches Festland – hält. Wer diesen Schwur nicht leistet oder bricht, soll zehntausend Maravedis Strafe bezahlen oder gar, andere Version, die Zunge herausgeschnitten bekommen. So etwas muss man schon paranoid nennen.

Der Paranoide, wissen wir, lebt in seiner eigenen Wirklichkeit. Zwei plus zwei sind fünf, das ist seine feste Überzeugung, und solange sie alle anderen akzeptieren, kann er sich zu erstaunlichen Leistungen aufschwingen. Wenn sie aber bezweifelt oder gar widerlegt wird, ist er im Kampf um die bedrohte Traumwelt zu schlimmster Aggression fähig. Am Ende steht meist der Zusammenbruch.

Auch Columbus bricht zusammen. Fiebernd, phantasierend. Das ist das Aus dieser neuerlichen Entdeckungsfahrt, auf der man noch zu einer weiteren vermeintlichen Goldinsel vorgestoßen ist, nach Jamaika. Die kleine Flotte kehrt nach Isabella zurück. Dort empfängt ihn unverhoffter Besuch. Bruder Bartolomeo ist mit drei Karavellen aus Spanien eingetroffen, an Bord alles Gewünschte. Die Situation in Isabella entspannt sich etwas.

Aber der neugewonnene Friede täuscht. Weiterhin wird voll Hass auf die nun um Bartolomeo erweiterte Italiener-Clique geblickt. Und dann ist da noch die unausgesprochene Mahnung vom spanischen Hof: Wann endlich müssen wir nicht nur ständig geben, sondern können auch mal nehmen? Wo bleiben denn die versprochenen Goldschätze, damit die ungeheuren Unkosten dieses ganzen Abenteuers wenigstens halbwegs abgedeckt sind?

Im Prinzip befindet sich Columbus in der gleichen Situation wie bei seiner ersten Fahrt. Wäre er damals nicht auf Land gestoßen, hätte ihn wieder das Dunkel der Anonymität aufgenommen, ein Nichts wäre im Nichts verschwunden. Das droht auch jetzt, wenn sich nicht endlich die versprochenen Reichtümer finden. Columbus muss auf Gold stoßen, um fast jeden Preis. Oder wenigstens angemessenen Ersatz schaffen. Das hat fatale Folgen.

Unter den von den Spaniern immer mehr drangsalierten Indios gärt es immer heftiger. Überfälle auf Weiße sind an der Tagesordnung. Schon hat sich Columbus den Vorwurf gefallen lassen müssen, vor allem von den inquisitorisch geschulten Mönchen, er sei viel zu sanftmütig gegenüber diesen ungetauften Wilden.

Endlich hatte er sich zu einer Art Strafexpedition unter eigener Leitung entschlossen, während er bis dahin für solche Zwecke Alonso de Hojeda hatte. Mit Trompetenschall und Trommelwirbel, die flatternde Fahne voran, war man ins Feld gezogen, und es kam zur Schlacht zwi-

30 Kampf gegen die Indianer. Farblithografie nach einer Zeichnung von August C. Haun, 1866

schen Indios und Weißen, bei der eine Handvoll Spanier einer riesigen Übermacht Indianer gegenüberstand. Über hunderttausend, will man dem späteren Chronisten Las Casas glauben, wobei ein bis zwei Nullen abzuziehen sich empfiehlt.

Immerhin bleiben einige tausend, nackt, nur mit Keulen als Waffe. Die Spanier sitzen aber hoch zu Ross, mit weitreichenden Musketen in den Fäusten, und dann lassen sie auch noch ihre auf den Mann dressierten Bluthunde los. Die Schlacht ist bald entschieden. Zurück bleiben einige hundert tote Indianer und kaum ein verletzter Spanier.

Columbus mustert die Unterworfenen nachdenklich. Menschenmaterial. Und vielleicht eine Lösung seines Problems. Menschen statt Gold. Damit kann man die Majestäten daheim und alle anderen Finanziers seines Unternehmens eine Weile hinhalten, bevor endlich das gleißende Metall in erhoffter Menge gefunden wird. Und Entdecker Columbus wird zum Sklavenjäger, nicht anders als drüben in Afrika die portugiesischen Kollegen und moralisch um keinen Deut besser.

Wir wissen nicht genau, wann er auf diesen Gedanken gekommen ist. Seine Einstellung zu den Indios, trotz der Bemerkungen in seinem Bordbuch, trotz der nie ganz geklärten Verbindung zum Sklavenhändler Berardi, wirkt zunächst noch menschenfreundlich, wenn auch mit der üblichen europäischen Herablassung dabei. Auch scheint er im Herzen die ausdrückliche Ermahnung seiner Königin Isabella zu bewegen, ja recht nett zu allen Eingeborenen zu sein. Das soll sich jetzt sehr gründlich ändern.

Schon der ersten heimkehrenden Karavellenflotte hatte er 26 gefangene Indios mitgegeben. Jetzt werden gleich fünfhundert auf den Schiffen des inzwischen wieder nach Amerika zurückgekehrten Antonio de Torres nach Spanien verfrachtet. Menschenware, sonst nichts, die meisten sterben schon unterwegs. Der überlebende Rest wird meistbietend verschachert und verschwindet auf den Ländereien irgendwelcher Granden. Auch von ihnen übersteht kaum einer lange die neue Umwelt und das ungewohnte Klima.

So ist dieses Unternehmen schon ökonomisch ein Fehlschlag. Moralisch ist es für Columbus die Bankrotterklärung. Christentum hat er bringen wollen, Versklavung bringt er. Im übrigen ergeht es den daheim gebliebenen Indios nicht viel besser als den fortgeschleppten, und auch dafür, leider, steht der Name Columbus.

Selbst er hat allmählich begriffen, dass hier nirgendwo Gold am Strand herumliegt und nur aufgehoben zu werden braucht. Mühsam muss es, sofern vorhanden, aus den Flüssen gewaschen, aus den Steinen geschmolzen werden. Dafür sind jetzt die Indios gut genug.

Ein saftiger Tribut wird ihnen aufgedrückt, alle Vierteljahr ein Fläschchen Gold von jedem Einwohner über vierzehn Jahre. So kommt denn etwas Edelmetall zusammen, mager genug und das meiste von Schmuckstücken, die ihre Eigentümer opfern, um das auferlegte Soll zu erfüllen. Diesen bescheidenen Vorrat – man schätzt seinen Wert auf dreißigtausend Dukaten, einen Bruchteil der Summe, die bisher das gesamte amerikanische Unternehmen verschlungen hatte – will nun Columbus in Spanien den Majestäten präsentieren, gleichsam als Alibi für alles andere. Denn er muss dringend nach Europa zurückkehren. Das weiß er inzwischen.

Hier in Isabella ist die Stimmung weiterhin feindlich, immer hart am Rand der Meuterei. Aber auch drüben in Spanien formiert sich eine Front gegen ihn, zischelnd, hetzend, verleumdend. Schon hat die Krone dem darüber maßlos erbitterten Vizekönig in Person eines hochgemuten Herrn namens Juan de Aguado eine Art übergeordneten Aufsichtsbeamten auf den Hals geschickt. Wer, muss er sich fragen, befiehlt denn noch in der neuen Welt? Er oder andere?

Im März 1496 sticht Columbus in See. Auf der »Niña«, die ein weiteres, schon hier in Amerika gebautes Schiff begleitet. Kein Prachtstück, es wurde wohl mehr schlecht als recht aus den Überresten zweier anderer, gesunkener Schiffe zusammengestückt, doch immerhin: Am Bug prangt stolz der Name »India« wie eine Trotz-Geste hin zur alten Welt.

Es ist – glaubt es! – doch Indien, woher ich komme. Aber eine Droh-Pose auch zurück zur Neuen Welt. Sie hat gefälligst Indien zu sein. Und irgendwo – ganz sicherlich! – schimmern die Golddächer von Zipangu. Man muss nur richtig hinsehen. Irgendwann.

Links liegt das Paradies

Man steigt niemals zweimal in denselben Fluss«, diese Mahnung des altgriechischen Philosophen Heraklit hätte auch Motto der zweiten Columbus-Reise in die Neue Welt sein können und erst recht das seiner abermaligen Rückkehr nach Spanien, zu der er am 10. März 1496 aufbricht.

Schon die Rückfahrt selbst verläuft sehr anders und wesentlich beschwerlicher als beim ersten Mal.

Es hatte noch keine Mühe gemacht, genügend Leute zusammenzutrommeln. Im Gegenteil. Denn kaum einer hier in Isabella, wo als häufigstes Stoßgebet »Asi Dios me lleve a Castilla! (Gott bringe mich nach Kastilien zurück!)« zum Himmel steigt, hätte bei der Frage »Wer kommt mit?« nicht sogleich die Hand gehoben. Denn das ersehnte Paradies ist längst zur kleinen Hölle geworden, voller Moskitos und aufgebrachter Indios, die schon lange nicht mehr in den Fremdlingen vom Himmel gefallene Götterboten sehen.

So drängen sich denn viel mehr Mitreisende auf den Planken, als die beiden Schiffe eigentlich fassen, 225 Spanier insgesamt. Nachts kann man nur umschichtig schlafen, für alle zur gleichen Zeit reicht der Raum nicht. Die Lebensmittel gehen auch schon bald zur Neige, zumal die Reise viel länger als erwartet dauert, insgesamt elf Wochen. Hunger droht, einer macht den Vorschlag, kurzerhand die mitgeführten Indios aufzufressen. Die hätten, da doch selber Kannibalen, kein besseres Schicksal verdient.

Denn um die dreißig Indios sind auch dabei, als Sklaven natürlich, darunter Kazike Caonabó, der mutmaßliche Zerstörer von La Navidad. Mit einer List hatte ihn der nie um miese Tricks verlegene Alonso de Hojeda eingefangen, dem aalglatt eingeölten, deshalb nicht so leicht zu greifenden Nackedei als Gastgeschenk metallene Handschellen offeriert, wie sie angeblich jeder Hildalgo als Schmuck trage, und Caonabó hatte sich übertölpeln, sich auf ein Pferd setzen lassen, war dann hoch zu Ross und mit diesen Handschellen um die Gelenke weggeschleppt worden, bis hierher in den Bauch der »India«. Sie wird seine Sterbestatt.

Nein, er wird nicht gefressen und die anderen Indios auch nicht. Wahrscheinlich war das nur ein rüder Scherz gewesen. Caonabó stirbt an Entkräftung, den Leichnam wirft man über Bord. Zurück bleibt sein Bruder, gefangen wie er, später Christ und christlich »Diego« getauft. Für ihn hält Columbus noch eine besondere Rolle bereit. Zunächst aber, unter sorglicher Vermeidung der portugiesischen Azoren, geht man am 11. Juni in Cadiz an Land.

Kein Jubel diesmal, keine sich fröhlich winkend am Pier drängende Menschenmenge, kein auf den Schultern davongetragener Held Columbus. Gleichmütig, nahezu verächtlich wird auf die ausgemergelten, von Hunger und Fieber gezeichneten Gestalten gesehen, die am Ende ihrer Kräfte von Bord wanken, und ihr Admiral beeilt sich mit einer Botschaft an die Majestäten. Wann er ihnen Bericht erstatten dürfe?

Die Majestäten lassen sich Zeit. Sie scheinen auf seine Erzählungen nicht so erpicht, zumal in diesem Jahr 1496 genug anderes die königliche Aufmerksamkeit in Anspruch nimmt: Wieder einmal ist der große Kampf um die europäische Hegemonie entbrannt, das erstarkte Spanien steht dabei dem vereinten Frankreich unter Karl VIII. gegenüber, und schon rücken in Italien die Franzosen gegen das Haus Aragon in Neapel vor, Spaniens wichtigstem Verbündeten im Mittelmeerraum. Die Katholischen Majestäten setzen eine ausgeklügelte Heiratspolitik dagegen.

Eilends versöhnt man sich mit Portugal, indem man Infantin Isabella mit dem neuen portugiesischen Herrscher Manuel verheiratet. Zugleich wird eine Habsburgerin aus Österreich Ehefrau des Kronprinzen Don Juan, und nicht weniger als hundertdreißig Karavellen führen Infantin Johanna dem Habsburgerprinzen Philipp von Burgund zu, ein Geschwader, auf das Columbus nur mit Wehmut sehen kann. Ihm würde nur ein Zehntel genügen, um in sein Hispaniola zurückzukehren.

Doch keine Nachricht vom Königshof! Niemand scheint dort von Columbus viel wissen zu wollen.

Er igelt sich ein. So muss man es nennen, wie er sich da nach Sevilla zurückzieht, ins Haus eines guten Freundes, des Historiografen Pater Andres Bernaldes, der gerade an einer Geschichte des spanischen Königshauses schreibt. Dort also lebt Columbus, betet viel, und geht er mal auf die Straße, dann nicht in Admiralstracht, sondern in schlichtem Braun, was der Kutte eines Franziskaners so ähnlich sieht, dass bereits Gerüchte wissen wollen, Columbus sei selber Mönch geworden.

Nein, das wird er nicht. Und das Gewand ist wohl nicht so sehr Ausdruck einer neuen Frömmigkeit. Eher könnte Columbus daran liegen, draußen nicht gleich erkannt zu werden. Denn mit seiner Popularität, ach, ist es nicht mehr so weit her. Zu viele hat er zu gründlich enttäuscht, schon wird er angepöbelt, beschimpft. Sein Stern scheint ins Bodenlose zu sinken, wenn, ja wenn nicht endlich die Majestäten diesen Niedergang noch einmal aufhalten.

Doch erst im Oktober wird dem Entdecker huldvoll mitgeteilt, er dürfe vor das Herrscherpaar hintreten, wenn es denn – fürsorglich merkt es die Königin an – sein, wie man hört, schlechter Gesundheitszustand erlaube. Echte Besorgnis oder nicht eher ein Vorwand, diese Größe von Gestern gleich wieder höflich abzuwimmeln, sie am liebsten gar nicht vorzulassen?

Für Columbus keine Frage: Seine Herrscher wollen ihn sehen, also werden sie ihn zu sehen bekommen, in altvertrauter Pracht. Und der Selbstinszenator – auch das ist Columbus – läuft zur gewohnten Form auf. In allem Strahlglanz wird er ins nordspanische Burgos ziehen, wo sich das Königspaar gerade aufhält, und in seinem Gefolge wird man nicht nur Gold funkeln sehen, Papageien

31 Prachtvoller Auftritt des Columbus am spanischen Königshof. Lithografie, 19. Jh.

krächzen hören. Dort schreitet auch Caonabós Bruder mit, der frischgetaufte Diego, mit Federn prächtig aufgeputzt, um den Hals eine schwere Goldkette, die er abends allerdings wieder brav abzuliefern hat: Seht nur, was da an glitzerndem Reichtum aus der Neuen Welt herangezogen kommt!

Doch kaum ein Staunen am Wegrand, eher gelangweilt sieht man auf die bunte Schar, die dort durch den Staub spanischer Landstraßen zieht, und wenn gesagt wurde, Columbus sei so etwas wie ein erster Star des Medienzeitalters gewesen, so erfährt er hier auch dessen Schattenseite: Sensationen zählen nur, so lange sie neu sind. Schon beim zweiten Mal schaut kaum noch einer hin.

Auch am Hof zu Burgos löst sein Erscheinen zunächst keine Begeisterung aus. Der Empfang bleibt frostighöflich, während ihn aus allen Ecken hämische Blicke anzustarren scheinen: Nun, Herr Vizekönig, Sie großer Admiral und Entdecker, was hat uns Ihre Entdeckung gebracht? Werden dem Günstling der Königin endlich die Leviten gelesen?

Zwei Herren sind im Intrigieren besonders eifrig gewesen, schon drüben in Hispaniola, wo Columbus dem einen der beiden, einem gewissen Pedro de Margarit, das Kommando über ein Außenfort von Isabella anvertraut hatte, San Tomás. Dort aber hatte er sich den Indios gegenüber so übel aufgeführt, dass ihn während Columbus' Kuba-Reise sein Bruder Diego hatte zur Rede stellen müssen.

Margarit war aber nicht der Mann, sich von einem anderen etwas sagen zu lassen, schon gar nicht von einem hergelaufenen Italiener. Kurzerhand desertierte er, dazu noch an Bord der drei Karavellen des eben aus Spanien eingetroffenen anderen Columbus-Bruders Bartolomeo. In seiner Begleitung befand sich ein Pater, Bernardo Buyl, einer von denen, die ohnehin schon meinten, Columbus behandle die Indios viel zu sehr als Menschen.

Beide bilden am spanischen Hof den harten Kern aller Columbus-Gegner. Und die Berichte des bestallten Aufpassers Aguado, zwar fair, aber deutlich in der Wiedergabe aller Schwächen des Vizekönigs, kamen noch hinzu. Was aber fast am schwersten wiegt: Columbus' Berufung von Bartolomeo als neuem Gouverneur oder »Adelantado« für die Zeit seiner Abwesenheit. Denn eine solche Erhebung hätte einzig die Krone selbst vornehmen dürfen. Ist also dieser Vizekönig größenwahnsinnig geworden? Maßt er sich bereits königliche Rechte an?

Zunächst lauter schlechte Karten für den Mann, der außer etwas exotischem Mummenschanz nicht viel vorzuzeigen hat: ein bisschen Gold, ein paar versklavte Indios und eine obskure Kolonie drüben überm Ozean, die einstweilen mehr kostet als einbringt. Aber allmählich hebt sich die Stimmung wieder zugunsten des Admirals, und am Ende kann er sich in allen Ämtern bestätigt sehen, auch Bruder Bartolomeo darf weiterhin der »Adelantado« sein.

Vielerlei mag da zusammenkommen, am stärksten wohl der Gedanke, dass die Konkurrenz hinter den Grenzen nicht schläft. Denn in Portugal ist man keineswegs gewillt, den Rest der Welt den spanischen Nachbarn zu überlassen. Intensiver denn je betreibt man dort den alten Plan, den Seeweg nach Indien über Afrika zu entdecken, und schon war im Jahr 1497 Vasco da Gama mit vier Schiffen zu eben diesem Abenteuer aufgebrochen. Spaniens Krone bleibt kaum anderes übrig, als weiterhin auf ihren Columbus zu setzen.

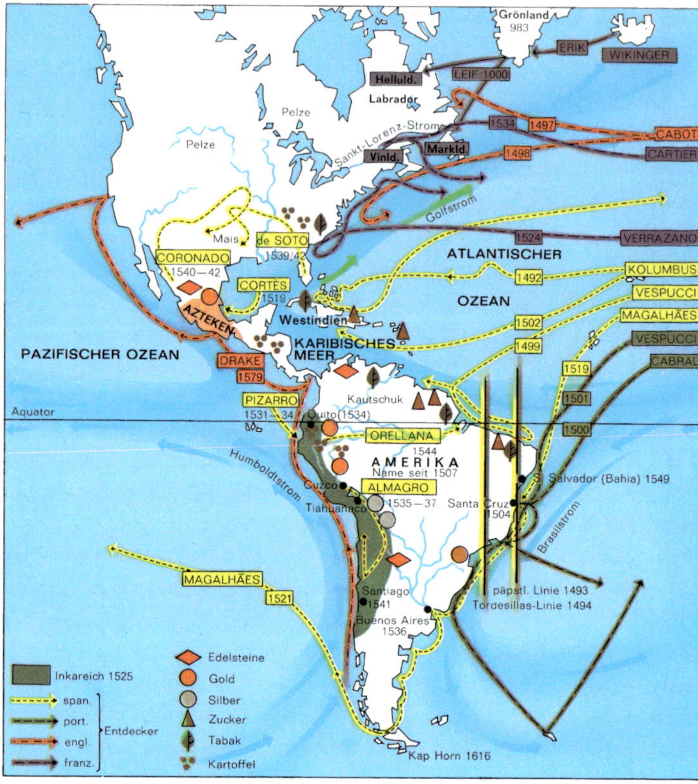

32 Die Entdeckungsfahrten nach Amerika und die Tordesillas-Linie

Zudem geht das Gerücht von gewaltigen weiteren Landmassen hinter dem Meer um. Wem würden sie nach dem Vertrag von Tordesillas, der die Welt gleichsam in zwei Teile trennt, zustehen, der spanischen oder der portugiesischen Seite? Wohl auch das soll Columbus auf seiner ihm endlich bewilligten dritten Amerika-Reise erkunden.

Er geht wieder ans Werk, muss wieder Schiffe und Mannschaft beschaffen und sich wie schon beim Mal davor mit der königlichen Behörde »für indische Angelegenheiten« herumärgern, bis es mit deren Leiter Juan

Rodriguez de Fonseca, dem Prototyp eines bürokratischen Erbsenzählers, buchstäblich zur Schlägerei kommt und Columbus von da an einen Todfeind mehr am Hof hat.

Die Finanzierung, von der Krone mehr symbolisch gesichert, bleibt ein Problem für sich. Endlich schießen italienische Banken die nötigen drei Millionen Maravedis vor. Sechs Schiffe können davon gechartert werden. Mit der Mannschaft aber steht es fast schlimmer noch als damals in Palos. Denn nun, nach allen ernüchternden Neuigkeiten aus Hispaniola, drängt es keinen dorthin, und Columbus muss sich jetzt tatsächlich an Kerkerhäftlinge halten. Wer mitfährt, erhält seine Freiheit zurück, nur Ketzer und Sodomiten sind unerwünscht. Bei Mördern ist man nicht so pingelig.

Fast zwei Jahre sind seit seiner Rückkehr vergangen, als er endlich am 30. Mai 1498 zu seiner dritten großen Reise aufbricht, und erstmals sind auch Frauen dabei, dreißig künftige Kolonistinnen. Sie dürften an Bord jener drei Schiffe gewesen sein, die von der üblichen letzten Zwischenstation La Gomera aus direkt nach Hispaniola fuhren, während die anderen drei mit Columbus einen Südkurs steuerten, auf der Suche nach eben jener vermuteten, zu Asien oder einem ganz neuen Kontinent gehörenden Landmasse.

Die Kapverdischen Inseln sind das letzte schon bekannte Stück Erde, das die kleine Flotte passiert. Nicht grün, wie der Name verheißt, sondern grau und öde, wie Columbus feststellen muss. Danach beginnt die Fahrt ins Fremde und wird bald schon zum Schreckenstrip.

> Im Namen der Heiligen Dreifaltigkeit verließ ich Sanlúcar am Mittwoch, dem 30. Mai 1498, noch erschöpft von meiner zweiten Reise. Aus Indien heimgekehrt, hatte ich gehofft, mich in Spanien erholen zu können, und hatte nun dort im Gegenteil nur Widerstand und Klage gefunden.
>
> *Columbus an das königliche Paar, 1498*

Höllische Hitze ringsum, das Fett in den Vorräten schmilzt, die mitgeführte Gerste scheint zu glühen, Weinfässer zerspringen. Wieder, wie auf der ersten Fahrt, werden Lebensmittel knapp. Hunger droht, wenn nicht endlich Land in Sicht kommt. Schließlich der Erlösungsschrei: »Tierra!«

Wieder ist es nur eine Insel, Columbus tauft sie in Dankbarkeit für die Unterstützung durch die heilige Dreifaltigkeit »Trinidad«. Und dann laufen sie in einen Golf ein, Columbus schmeckt das Wasser, staunt: Süßwasser! Eindeutig! Wie es nur aus einem großen Fluss ins Meer strömen kann. Und große Flüsse gibt es doch nur auf dem Festland.

So kommt am 5. August 1498 die Stunde, da Amerika-Entdecker Columbus tatsächlich ein erstes Mal amerikanisches Festland betritt, am Südzipfel der späteren Halbinsel Paria in der Höhe des heutigen Venezuela, und der vermutete große Fluss ist der Orinoko. Wahrlich ein historischer Augenblick.

Doch keine Festlichkeit, keine offizielle Landnahme, Columbus entrollt keine Fahne, unterschreibt keine Urkunde. Er, der andere hat schwören lassen, die Insel Kuba sei Festland, schwört nun – eine weitere der vielen Ironien rund um die Entdeckung der Neuen Welt! –, dies Festland hier sei eine Insel. Und darüber entgeht ihm gleich auch das »Gold«, das sich hier tatsächlich heben

Trinidad, die Zuckerrohrinsel im Bereich der Antillen vor der Nordküste Südamerikas, von Columbus 1498 nach der Heiligen Dreifaltigkeit getauft, unter deren Schutz er seine dritte Reise gestellt hatte, ist seit 1962 zusammen mit der Nachbarinsel Tobago, dem Schauplatz von Daniel Defoes Roman ›Robinson Crusoe‹, selbstständige Republik und war davor seit 1802 britische Kolonie. Damals hatten die Spanier die von ihnen im 16. Jahrhundert besiedelte Insel an England abtreten müssen.

ließe, die Perlen, wie sie im Schmuck der Eingeborenen glänzen.

Von solchen Schätzen, heißt es, gibt es vor einer nahen Insel ganze Bänke voll. Aber Columbus begnügt sich damit, diese Insel rasch noch nach der Habsburger-Braut des spanischen Infanten »Margarita« zu taufen. Dann segelt er weiter.

Umso tatkräftiger geht dort bald darauf der zu eigener Entdeckungsfahrt aufgebrochene Alonso de Hojeda vor. Eigenmächtig, aber nicht ungesetzlich. Denn die Krone erlaubt von 1498/99 an auch anderen als ihrem Admiral und Vizekönig, die neuen Länder zu durchstreifen und eigene Entdeckungen zu machen. Zu Hojedas Leuten gehört aber Amerigo Vespucci, jener fleißige (und sehr amüsante) Chronist der Entdeckung Amerikas, dessen um 1503 unter dem Titel ›Mundus novus‹ erschienene, rasch in ganz Europa verbreitete Schrift ein Bestseller wird wie zuvor die Berichte Marco Polos.

Zur Zeit von Columbus' zweiter Rückkehr nach Amerika machten sich außer Alonso de Hojeda noch andere »kleine Entdecker« auf den Weg: **Pedro Alonso Nino**, Steuermann der »Santa María« bei der ersten Reise, fuhr wie Hojeda zur Perleninsel Margarita. **Vicente Yanez Pinzón**, Martin Alonso Pinzóns Bruder, kam mit vier Karavellen nach Tobago, überquerte als Erster den Äquator im westlichen Atlantik und stieß bis zur Mündung des Amazonas vor.

Der Portugiese **Pedro Alvares Cabral** (1467– um 1520) war mehr als nur ein »kleiner Entdecker«: Um 1500 schützte er eine Indien-Reise vor, um tatsächlich – möglicherweise im Auftrag des portugiesischen Königs, der bereits von der Existenz eines südamerikanischen Festlandes wusste, das aber bis dahin geheimgehalten hatte – in den Westen zu segeln. Am 21. April 1500 erreichte er das künftige Brasilien, das nach dem Vertrag von Tordesillas an Portugal fiel.

Nach ihm, dem Klatschjournalisten, und nicht nach seinem Entdecker wird dann Amerika bekannt, und damit fällt ein weiteres ironisches Licht auf das Thema »Entdeckung Amerikas«, das sich zuweilen wie eine einzige riesige Groteske ausnimmt.

Auch das Bild des Columbus, wie er da in seiner Kajüte hockt, kränkelnd, von einem rätselhaften Augendruck geplagt, von Gicht, Rheuma und Arthritis gebeutelt, gewinnt immer groteskere Züge. Dass gerade seine möglicherweise größte Entdeckung gleichsam unbemerkt an ihm vorübergleitet, gehört dazu.

Um einiges später – die Festlandmasse ist längst wieder seinen Blicken entschwunden – wird er immerhin die Überlegung anstellen, dies eben könne sehr wohl doch festes Land gewesen sein, ein neuer riesiger Kontinent, vielleicht sogar das Paradies, der Garten Eden. Heißt es von dem doch schon in der Genesis, er liege am Rande der Welt. Aber auch diese Mutmaßungen scheinen seine frühere Entdeckerfreude nicht zu mobilisieren.

Ist er einfach alt, müde, verbraucht, ein Mann schon gegen fünfzig, nahezu ein Greis in jener Zeit, dazu kränkelnd, schwächelnd, mit nicht mehr grauem, sondern nun schon schlohweißem Haar? Will er nicht schon wieder eine Enttäuschung erleben, wieder mit leeren Händen dastehen wie bereits einige Male? Oder hat ihn damals seine hungernde Mannschaft zur Weiterfahrt gedrängt?

Fest steht nur, dass er dieses »Paradies« wortwörtlich links liegen lässt und nach der kurzen Berührung mit

Amerigo Vespucci (1451–1512), Florentiner, gleichaltrig mit Columbus, arbeitete in Sevilla für das Handelshaus der Medici, lernte dort Columbus kennen und will von 1497 an selbst vier Fahrten in die neue Welt unternommen und dabei noch vor Columbus das amerikanische Festland erreicht haben. Sein Buch über die dritte Reise brachte ihm den Ruf ein, Amerikas eigentlicher Entdecker zu sein.

dem südamerikanischen Festland Kurs auf Hispaniola nimmt.

Nicht auf Isabella. Denn darüber war er sich noch vor seiner Abreise mit dem Bruder Bartolomeo einig geworden: Isabella würde nicht mehr lange zu halten sein. Ein anderer Siedlungsort müsse her, gesünder, fruchtbarer, mehr im Süden. Dann war er nach Spanien abgefahren.

Jetzt ist er wieder da, geht zunächst auf einer vorgelagerten Insel an Land. Noch weiß er nicht, wo die neue Kapitale liegt. Dann rauscht die Karavelle Bartolomeos heran. In der letzten Augustwoche 1498 schließen sich die Brüder in die Arme. Und weiter geht es in die neue Residenz, die zunächst noch Nova Isabella heißt und später Santo Domingo. Die Brüder Columbus taufen sie nach ihrem Vater Domenico.

»Land des Schwindels und Betrugs«

Als Christoph Columbus am 31. August 1498 ein erstes Mal die neue Residenz Santo Domingo betritt, scheint er sich auf wiederhergestellter Höhe zu befinden, mit ein paar Schrammen zwar und leicht verdunkeltem Ruhm, aber ist er nicht in allen Würden und Ämtern bestätigt worden? Ist ihm nicht weiterhin die Gunst der Krone sicher?

Mehr noch: Mit ihm wird sein Ruhm nicht enden. Titel und Vermögen werden einmal an seine Söhne weitergegeben werden dürfen. Dynastie Columbus also. Das hätte er geschafft. Und wieder ertappt man sich bei dem Wunsch, er wäre wohl besser bei dieser dritten Fahrt irgendwo auf See geblieben. Denn noch hat er die Chance, in die Geschichte der Entdeckungen und Entdecker als lichtumflossener Held einzugehen, als der große Columbus, der Amerika fand.

Aber, wie immer, wird alles ein wenig anders und sehr böse kommen. Obwohl zunächst noch das meiste in Ordnung zu sein scheint.

Bruder Bartolomeo hat den neuen Siedlungsort gut gewählt. Nicht zu weit oben am Fluss Ozama, der in eine

Santo Domingo, älteste von Europäern in Amerika gegründete Stadt, ist heute Hauptstadt der Dominikanischen Republik mit über zwei Millionen Einwohnern sowie Sitz des Erzbischofs und hat mit Haina den bedeutendsten Hafen der Republik. Ihre Universität, 1538 gegründet, sowie die 1540 eingeweihte Kathedrale Santa María de la Encarnación sind die jeweils ältesten Amerikas. Santo Domingo, das ursprünglich Isabella Nova hieß, erfuhr während des Regimes des Diktators Trujillo von 1936 bis 1961 eine weitere Umbenennung in Ciudad Trujillo.

kleine Bucht mündet, wo auch größere Schiffe gut ankern können. Auf dem anderen Ufer liegt eine Siedlung von Einheimischen. Die eigene Anlage, nach kastilischem Muster mit rechtwinklig aufeinander stoßenden Straßen, wurde mit Palisadenzäunen gesichert, darin Holzhäuser mit Palmdachblättern für rund zweihundert Kolonisten. Aber schon wird aus einem nahen Bruch Stein herangekarrt, vielfarbig, grün und rosa und in hellem Grau.

Leuchtend bunt verspricht also einmal dieses Santo Domingo zu werden, Columbus nickt dem Bruder anerkennend zu. Hier lässt es sich leben, hier also wird er künftig residieren. Nach jahrzehntelanger heimatloser Wanderschaft scheint er endlich angekommen zu sein.

Doch, ach, der schöne Schein ist nur Fassade. Dahinter sieht es anders aus und so düster wie zuvor. Weiter kauen die Menschen auf dem strohtrockenen Brot der Einheimischen, fangen sich zuweilen etwas Fisch, trampeln über die Früchte am Boden hinweg und kommen nicht auf die Idee, sie aufzulesen oder gar eigenes Getreide anzubauen. Weiterhin haben sie Hunger, leiden in ihrer schweren spanischen Tracht unter Hitze und Moskitos. Und krank sind viele auch.

Columbus betritt eine Kolonie der Siechenden und Darbenden. In den Blicken, die ihm folgen, stehen Angst, Verzweiflung, Hass. Und das ist noch nicht alles.

Aufstand droht. Bei den Indios gegen die weißen Eindringlinge. Bei den Spaniern gegen die »Ausländer«, die Brüder Columbus. Das gärt schon lange. Nur ein Anführer hat gefehlt, die Stimme des einen für alle anderen. Der stellt sich nun ein und heißt Francisco Roldán.

Bis dahin ein getreuer Gefolgsmann. Eigentlich. Und wahrscheinlich war sich Columbus sehr klug vorgekommen, als er vor seiner Abreise nach Spanien gerade diesen Mann zum »Alcalde« von Isabella erhob, zum Bürgermeister oder Richter. Sehr bewusst hatte er also einen Spanier wie zum Ausgleich für das »ausländische« Übergewicht erwählt, und zufrieden war er davon gesegelt.

In Hispaniola stand nun aber der frisch gekürte Alcalde dem Adelantado Bartolomeo Columbus gegenüber, zwei Männer, wie man sie sich an Sturheit nicht ähnlicher und ansonsten nicht verschiedener vorstellen könnte. Denn während Bartolomeo der nicht unbegründeten Ansicht war, die feinen spanischen Herren müssten endlich mit harter Arbeit anfangen, wenn je aus ihrer Kolonie etwas werden sollte, hielt es Roldán mehr mit dem süßen Schlendrian und sah nicht so ganz ein, warum man sich plötzlich die Finger schmutzig machen sollte. Von schönen Indio-Mädchen umlagert zu sein, von Indios bedient zu werden, war wohl eher schon sein Ideal.

Vielleicht, der Columbus-Biograf Gianni Granzotto vermutet es, treibt diesen Mann wirklich – in einer Art Rousseau'scher Naturschwärmerei – eine ganz romantisch ungefilterte Liebe zu den Eingeborenen, zumindest hat er eine indianische Geliebte, über die noch zu reden sein wird. Vielleicht ist er auch einfach nur stinkfaul.

Auf alle Fälle ist er ein gewitzter Demagoge. Einer, der allen alles verspricht. Den Spaniern hier, den Indios dort. Und er schafft es, dass sich schließlich aus beiden Lagern einige hundert Mann gegen das Columbus-Regime zusammenrotten. Das ist die Situation, vor der nun der zurückgekehrte Columbus steht. Roldán hat sich inzwischen mit seinen Leuten ins Landesinnere zurückgezogen.

Meuterei also. Schnöder Treuebruch. Verschwörung gegen den Vizekönig und seinen gesetzlichen, von der Krone inzwischen als Adelantado bestätigten Vertreter. Der Fall liegt damit klar. Columbus, so er nur etwas echte Autorität hat, muss jetzt handeln, unverzüglich und konsequent. Doch ertappen wir ihn bei der gleichen müden Unentschlossenheit wie schon in früheren ähnlichen Fällen.

Dieser Mann kann reden, begeistern, dann auch überzeugen. Selbstverständliche Überlegenheit, die Souveränität des geborenen Führungsmenschen strahlt er nicht aus. Wo diese Qualitäten von ihm gefordert werden, sieht man ihn eher zaudern, zurückweichen, nach einem ängstlichen Kompromiss Ausschau halten.

Er hatte sich bei der ersten Reise gegen Pinzón nicht durchgesetzt. Er hatte bei seiner Wiederkehr das doppelte Spiel des Kaziken Guacanagarí hingenommen, obwohl ihn die anderen drängten, diesen offensichtlichen Verräter festzunehmen und am besten gleich hinzurichten. In ihm hatte man einen, der praktisch alles mit sich machen ließ. Zu diesem Eindruck konnte man kommen. Und so verhält es sich jetzt auch im Fall Roldán.

Keine Strafexpedition, kein Waffenklirren. Vielmehr schickt er einen Boten, und der Brief, den er an den Verräter mitgibt, ist an den »caro amigo« gerichtet, an den teuren Freund.

Doch Roldán gibt sich keineswegs ähnlich sanft und umgänglich. Er spürt die Schwäche des anderen. Er weiß, dass er sich eigentlich schon durchgesetzt hat. Entsprechend hochgemut fallen seine Forderungen aus, und ein Sieger scheint dabei dem schon Besiegten die Bedingungen zu diktieren: freies Geleit, keinerlei Bestrafung. Fortzahlung des Soldes auch für die Zeit der Rebellion. Und Alcalde bleibt er selbstverständlich auch.

Das Wichtigste sind aber zwei Schiffe. Auf denen soll jeder nach Kastilien heimkehren können, der die neue Heimat Hispaniola satt hat. Columbus sagt zu allem Ja und Amen. Er hätte nicht anders gekonnt, rechtfertigen ihn später seine Apologeten. Gerade siebzig Mann, die auch noch geschwächt und krank waren, hätte er auf seiner Seite gehabt, höchstens. Das mag wohl so gewesen sein. Bitteres Fazit bleibt dennoch, dass nach diesem Vertrag mit Roldán, der mehr schon eine Kapitulation ist, sein Ansehen dem Nullpunkt entgegenstrebt. Und das ist erst der Anfang.

Fast ein Jahr vergeht, bis endlich die versprochenen Schiffe bereitstehen. Und nicht Columbus nutzt die Zeit, sondern Roldán, der mit immer neuen Bedingungen kommt, und immer noch mal gibt Columbus nach. Am Ende steht sogar noch eine Beförderung des Widersachers. Auf Lebenszeit wird er zum Alcalde Mayor, also gleichsam zum Oberbürgermeister, ernannt. Tusch für Roldán!

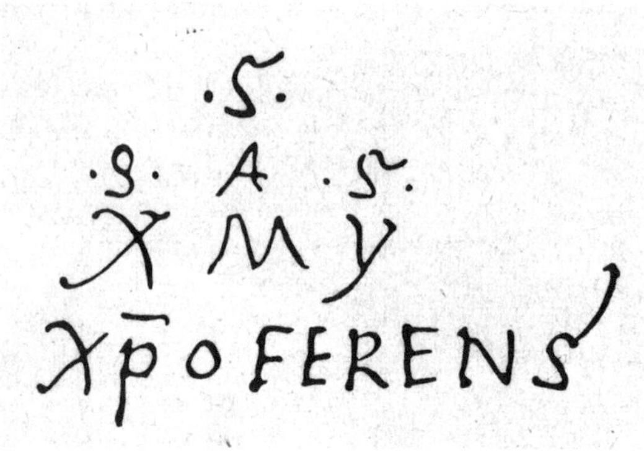

33 Die Unterschrift von Columbus

Und ein kräftiges Miserere für Columbus, der immer mehr zu einer traurigen Gestalt wird, wieder mal der »extranjero«, der lebenslange Fremde, der nirgends seine Bleibe hat, auch nicht hier in Santo Domingo. Selbst in der eigenen Schöpfung in dem von ihm selbst entdeckten Land ist und bleibt er der Außenseiter, der leicht belächelte Sonderling. Und er sitzt in seiner Residenz, sinnt darüber nach, wie alles gerade so und nicht anders kommen konnte, er greift schließlich zur Feder, schreibt einen Brief, lang und wirr. Adressaten sind die Katholischen Majestäten.

Columbus rechtfertigt sich. Alle sind schuld an der Misere, alle schlecht und verräterisch, besonders dieser Roldán. Wie? Hatte er nicht bei seinem letzten Besuch in Spanien gerade diesen Mann über jeden grünen Klee gelobt, als so treu und zuverlässig wie kaum ein anderer?

Die Majestäten werden spätestens bei dieser Passage den Kopf schütteln. Und nicht nur hierüber. Der ganze endlos lange Schrieb zeugt von einer, sagen wir es höflich, leicht gestörten Gemütsverfassung.

Hier auch spricht Columbus von der unbekannten Landmasse, auf die er bei seiner Hinfahrt gestoßen ist. Hier mutmaßt er, es könne sich sehr wohl ums Paradies gehandelt haben, und spätere Beobachter werden hieraus auf einen latenten Wahnsinn schließen, der allmählich zum Ausbruch kommt, wenigstens aber auf eine ekstatisch übersteigerte Religiosität, in die er sich vor der kruden Wirklichkeit geflüchtet habe.

Dafür finden sich in der Tat um die Wende zum neuen Jahrhundert erste Anzeichen, wenn Columbus auf See himmlische Stimmen vernommen haben will wie weiland die Heilige Johanna zu Frankreich, die ihm, dem Kleingläubigen, wieder Mut gemacht und Gold, viel Gold versprochen hätten. Und diese jeder Wirklichkeit entrückte Geisteshaltung wird sich noch beträchtlich steigern.

Für diesen Zeitpunkt dürfte jedoch noch wahrscheinlicher sein, dass er mit solchen ausschweifenden Erzählungen – darin war er schließlich schon immer Meister – die königliche Neugier weiter wach halten, sich weiterhin als der große Entdecker empfehlen möchte, von dem noch gar wundersame Dinge zu erwarten seien, wenn nicht gar die Seligkeit.

Ich nehme nicht an, das irdische Paradies habe die Gestalt eines rauen Berges, wie sie beschrieben worden ist, sondern ich bin der Meinung, es befinde sich auf der Höhe jenes Ortes, der die Gestalt des Birnenstieles hat, zu dem man sich nach und nach aus großer Entfernung stufenweise erhebt. Ich glaube auch, dass niemand jene Höhe erreichen kann, und dass dieses Wasser von jenem Ort hervorquillt, so weit er auch entfernt sein mag, um dort zu münden, woher ich komme, und diesen See zu bilden. Das sind große Hinweise auf das irdische Paradies, denn seine Lage entspricht der Ansicht der Heiligen und der gelehrten Theologen, die ich erwähnt habe, auch stimmen die Spuren mit meinen Gedanken überein, denn ich habe nie gelesen oder gehört, dass sich eine solche Menge von Süßwasser so weit im Landinneren und zugleich so nahe dem Salzwasser befinde. Meine Ansicht wird außerdem bestärkt durch das sehr milde Klima dieser Orte. Sollte jedoch dieses Wasser nicht aus dem Paradiese kommen, wäre das Wunder noch größer, denn ich glaube nicht, dass sich noch sonstwo auf Erden ein so großer und so tiefer Fluss vorfindet.

Columbus an das königliche Paar, 1498

Ganz unauffällig schmuggelt er aber zwischen allen hochtrabenden Schwulst das eigentliche Anliegen dieses Schreibens, die Bitte nicht nur um ein halbes Hundert zuverlässiger Krieger und etliche Priester, damit endlich das Missionswerk in großem Stil in Angriff genommen werden könne (bis dahin hatten sich gerade ein paar Dutzend Indianer eher unwillig den Kübel mit Taufwasser über den schwarzen Schopf schütten lassen). Er wünsche sich auch einen tüchtigen Rechtsbeistand für die weitere Verwaltung von Hispaniola, er wolle ihn gern aus eigener Tasche bezahlen.

Columbus kann nicht wissen, dass er damit um seinen eigenen Untergang ersucht hat.

Der Brief trifft zu einer Zeit ein, da sowieso schon über dem spanischen Königshof dunkle Schicksalswolken lasten und die Stimmung entsprechend gedrückt ist. Denn Isabellas kunstvoll geknüpftes Netz europaweiter Heiratspolitik scheint gleich wieder zu zerreißen, als zwei ihrer sorgsam verkuppelten Kinder früh sterben. Die Königin selbst aber ist nun schon eine Frau in den fünfzig, welk, verbittert, eine Herrscherin, die sich zunehmend um einen ihrer wenigen echten Erfolge, die Entdeckung der Neuen Welt, gebracht sieht.

Denn was ist aus dieser zunächst so gloriosen Entdeckung geworden? Kaum mehr als ein armseliges, die letzten Mittel verschlingendes Unternehmen drüben hinter dem Ozean, dessen einst so hochgemuter Regent nun wie ein verlassener Schuljunge weinerlich um Hilfe bettelt.

Die Zeit, da Columbus in die Gnade königlicher Gunst zurückgekehrt schien, ist nur kurz gewesen. Weiterhin zischelt und intrigiert es gegen ihn am Königshof, immer mehr Parteigänger findet die Anti-Columbus-Kamarilla, und jedes noch so vage Gerücht wird gierig aufgegriffen und zum Skandal hochgebauscht.

Er sei grausam, despotisch, ein »König Pharao«, wie schon sein Spitzname in diesen Kreisen lautet (und worin manche eine weitere boshafte Anspielung auf seine mögliche jüdische Herkunft sehen). Dieser Pharao aber ver-

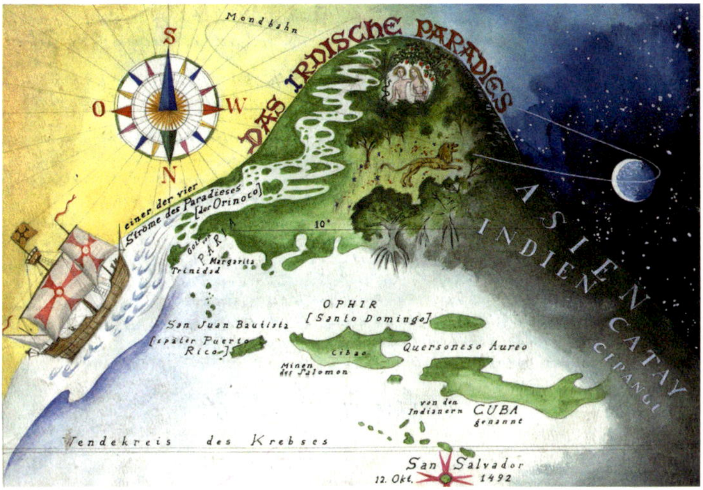

34 Columbus' Vorstellung von der Erde in Form einer Birne, deren Spitze in die Mondbahn hineinreicht. Oben liegt das Paradies mit den großen Strömen Orinoko, Tigris, Euphrat und Ganges

greife sich an Spaniern und spanischem Leben, lasse foltern und hängen, nein, keine Indios, sondern spanische Hildagos – er, der lausige kleine Ausländer aus Europas Hinterhof, der dort drüben ein wahres Schreckensregiment ausübe!

Die Spitze aber: Columbus sei ein potenzieller Hochverräter oder wenigstens auf dem schlimmsten Weg dorthin. Er wolle irgendwann diese Kolonie dort dem Meistbietenden überlassen, Portugal wahrscheinlich – habe man denn schon vergessen, wie eilig er es nach der ersten Rückkehr aus der Neuen Welt hatte, vor allen anderen gerade dem Portugiesenherrscher seine Aufwartung zu machen, bevor er nach Spanien weiterzog? Wahrscheinlich hatten bei dieser Gelegenheit die Herren den künftigen Kuhhandel schon ausgemacht …

Columbus der Verräter, ein Tyrann und ein Fremder dazu, der brave Spanier unterdrückt und misshandelt! Das ist um diese Zeit die Stimmung gegen ihn. Und sie findet ihren Widerhall im Volk.

Über Spaniens Straßen ziehen in kleinen Rotten heimgekehrte Siedler aus Hispaniola, sie hocken auf den Plätzen und umlagern die Residenzen, im Gepäck als wichtigste Habe ihre grenzenlose Enttäuschung, drüben überm Meer nicht auf das versprochene El Dorado gestoßen zu sein. Die meisten sind nun ärmer als zuvor – oder fühlen sich wenigstens so. Und sie bejammern laut ihre unverdiente Armut, stopfen demonstrativ Trauben in sich hinein, die sie irgendwo am Wegrand gepflückt haben, das Einzige, was sie sich jetzt noch leisten könnten. Zu Brot, Wein, Fleisch reiche es nicht. Zeigt sich aber ein Mitglied der Regierung oder gar der König selbst, umringen sie ihn, rufen: »Zahlt! Zahlt!« Denn waren es nicht diese Herren gewesen, die ihnen goldene Berge versprochen hatten, wenn sie nur diesem Columbus übers Meer folgen würden?

Besonders arg ergeht es aber Columbus' halbwüchsigen Söhnen Diego und Fernando, die beide als Pagen Dienst

Es war Colóns Verhängnis, dass er sich eine Statthalterschaft neben dem Admiralstitel ausbedungen hatte ... Auf seiner dritten Reise gönnt er sich keine Zeit, die Entdeckung des merkwürdigen Festlandes zu verfolgen. Nur flüchtig, auf der Überfahrt nach Haiti, sucht er neue Küsten, denn alle Entdeckungsreize scheinen bei ihm erstorben, und während er nur mit der Ausbeutung Españolas sich beschäftigt, entschleiern andere mittlerweile die atlantischen Küsten Südamerikas. Ohne glänzende Befähigung zur Verwaltung einer Kolonie, fehlte ihm der Zauber einer gebieterischen Persönlichkeit unter den verwegenen Abenteurern, die er nach der Neuen Welt geführt hatte ... Wer die Spanier gewinnen wollte, musste reichlich mit ihnen die saure Beute teilen; Colón aber, unablässig auf eigenen Vermögenserwerb bedacht, gönnte selbst Billiges nicht seinen Untergebenen ... Im Entdeckungsrausche hatte er die Neue Welt in seinen Schilderungen vergoldet, und mit Gier erfassten die Spanier seine trügerischen Verheißungen. Ein Teil der Enttäuschten war bettelhaft und siech heimgekehrt.

Oscar Peschel, Geschichte des Zeitalters der Entdeckungen, 1858

am Königshof tun. Über sie ergießen sich wahre Schmähkaskaden, mit dem Finger wird auf sie gezeigt, alles schreit: »Schaut an! Das sind die Söhne des Admirals, die Motten, die Kinder des Schurken, der das Land des Schwindels und Betrugs entdeckt hat, Grab und Leidensstätte so vieler kastilischer Hidalgos!« Und »König Pharao« Columbus, der so hochfahrend von »meinen indischen Landen« spricht und dabei kräftigst in die eigene Tasche wirtschaften soll, hat gleich auch seinen nächsten Spitznamen weg. Er ist jetzt »der Admiral der Moskitos«.

Königin Isabella mag nicht an den Hochverräter glauben und auch nicht an den korrupten Profiteur. Dennoch wird sie nachdenklich. Und am meisten stört sie genau das, was Columbus als größten wirtschaftlichen Erfolg des ganzen »Unternehmens Indien« hinzustellen versucht, das Geschäft mit den gefangenen Indios.

Isabella ist dagegen. Sie will christliche Untertanen, kein versklavtes Menschenmaterial. Schon 1495 hat sie den Sklavenhandel verboten. Er geht dennoch weiter. Und als wieder eine Menschenfracht eintrifft, auf dem gleichen Schiff, das Columbus' Rechtfertigungsepistel mit sich führt, und dazu noch mit seinem treuherzigen Kommentar, viele würden zwar sterben, aber der Gewinn sei noch immer hoch genug, wird sie energisch.

Eilends lässt sie die Indios in ihre Heimat zurückschaffen. Und ist ganz Ohr, als ihr Mann lakonisch meint, der Herr aus Genua sei vielleicht ein ganz tüchtiger Seemann, aber kein Vizekönig. Womit er so Unrecht nicht hat, und Isabella kann nur nicken.

Damit ist eigentlich Columbus' Schicksal entschieden. Aber noch keine Entlassung, zumindest nicht direkt, keine Ungnade. Die Majestäten gehen behutsam vor. Ihr Vizekönig soll nicht Gesicht und Ehre verlieren, allenfalls sein Amt, das aber auf die leise Art.

Zunächst soll sein Wunsch nach juristischem Beistand erfüllt werden, nur etwas weiter gefasst, als er das gemeint hatte. Also wird das Amt eines Obersten Richters in indischen Landen geschaffen, mit allen Vollmachten eines Gouverneurs. Aber auch bei der Besetzung dieses neuen Postens lässt man Vorsicht walten und entscheidet sich schließlich für Francisco de Bobadilla, einen hochgeschätzten, berühmt korrekten Mann. Von ihm verspricht man sich das nötige Taktgefühl, die Entmachtung des Columbus – denn um nichts anderes handelt es sich – ohne allzu schlimmes Donnergetöse über die Szene zu bringen.

Ende August 1500 trifft Bobadilla in Santo Domingo ein. Nicht der Vizekönig selbst empfängt ihn und auch nicht der Herr Adelantado. Nur Bruder Diego schwingt sich über die Bordkante der gerade im Hafen einlaufenden Karavelle und bittet seine Brüder zu entschuldigen. Sie seien im Landesinneren aufgehalten worden, doch wenn er den Herrn Bobadilla in die Stadt geleiten dürfe?

Das Schiff gleitet den Ozama hinauf, noch schaut alles friedlich aus. Bobadilla dürfte nach den Wochen auf See das üppige Grün auf beiden Ufern genießen. Aber dann erstarrt er. Was ist denn das?

Galgen am Ufer! Körper daran! Spanier!

Diego blickt treuherzig. Ja, das seien Aufrührer, man hätte sie leider hängen müssen. Und einige weitere warten noch im Kerker von San Domingo auf ihre Hinrichtung, die wird morgen stattfinden.

Bobadilla erbleicht. Die schlimmsten Gerüchte scheinen in diesem Augenblick bestätigt. Sofort, so sein Befehl an den verdatterten Diego, seien ihm diese Häftlinge vorzuführen, gleich mit den Prozessakten dabei, er würde sie überprüfen. Diego protestiert. Das seien Rechte, wie sie einzig seinem Bruder zustünden. Aber was war eigentlich geschehen?

Zunächst hatte sich Roldán als wieder ganz loyaler Gefolgsmann gezeigt, der Admiral schien mit seiner Politik der Milde Recht zu behalten. Aber da war noch die Geschichte mit seiner indianischen Geliebten, einer Nichte des umgekommenen Caonabó. Die hatte sich inzwischen taufen lassen und wollte heiraten. Nicht Roldán, sondern einen anderen.

Die Herren gerieten in Streit. Roldán ließ den Rivalen verhaften. Worauf dessen Vetter angerückt kam, ein gewisser Adrian de Morico, der sich nun anschickte, nicht nur Roldán, sondern gleich auch noch den Admiral in Ketten zu legen. Das war offene Rebellion, und diesmal flüchtete sich Columbus nicht in kompromissbereite Milde.

Morico wurde gleich auf der Stelle von einem Turm gestürzt, die ersten seiner Spießgesellen baumelten am Galgen, weitere sollten folgen. Ein hartes, aber nicht ungerechtes Verhalten. Immerhin hatte es sich um offensichtlichen Aufruhr gehandelt. Doch Bobadilla sieht jetzt darin nur den Ausdruck einer Schreckensherrschaft, die schleunigst beendet werden muss.

Es hätte vielleicht das Schlimmste abgewendet werden können, wären Columbus und Bartolomeo selber zur Stelle gewesen. Die aber verfolgten weitere Mitverschwörer im Inneren der Insel. Bobadilla jedoch, der vom König eingesetzte »Juez Gobernado«, also Oberste Richter, geht sofort an die Arbeit.

Die Nacht hatte er noch an Deck seines Schiffes verbracht. Doch am nächsten Morgen, gleich nach der Messe, ruft er die Menschen von Santo Domingo zusammen, verliest seine Vollmacht, zieht gleich schon mal ins Haus des Vizekonsuls ein und beschlagnahmt dessen persönlichen Besitz.

Kein Protest folgt, kein Widerspruch regt sich. Die Menschen scheinen auf Bobadilla wie auf einen Erlöser von allem columbischen Übel zu sehen. Zumal er den königlichen Zehnten aufhebt und künftig jedem die Gold-

Dem Cristóbal Colón, unser Admiral der Meere. Wir haben den Ritter und Kommandeur Francisco de Bobadilla geschickt, den Träger dieses Briefes, auf dass er Euch bestimmte Dinge in unserem Auftrag sagen möge. Wir wünschen, dass Ihr ihm volles Vertrauen und volle Anerkennung schenkt und Euch angemessen verhaltet.
Aus Madrid, 26. Mai 1499. Ich, der König. Ich, die Königin.

35 Columbus in Ketten. Gemälde von Lorenzo Delleani, 1865

suche auf eigene Faust gestattet, nach dem populären Motto: »Rafft zusammen, was ihr kriegen könnt.« Welche Chance hätte da noch der inzwischen mit seinem Bruder heranziehende Columbus?

Er hat gehört, was geschehen ist. Er kann es kaum fassen. Ihm, dem größten aller Entdecker, dem Finder des Seewegs nach Indien, soll irgendein Bobadilla den Prozess machen wie einem einfachen Beamten?

Doch. So ist es. Großer Widerspruch wird sich kaum regen. Die Menge wartet schon darauf, dass die Columbus-Brüder gleich hier und jetzt vor Gericht gestellt und schließlich zu aller Gaudi am Galgen baumeln werden. Aber da schreckt Bobadilla denn doch zurück.

Columbus mag versagt haben. Aber er ist immer noch ein Mythos, und so rasch lässt sich der Strahlenkranz um ihn nicht tilgen. So mag er denn daheim in Spanien abgeurteilt werden. Hier in Santo Domingo will sich Bobadilla nicht die Finger am Fall Columbus verbrennen.

Also ab mit Columbus nach Spanien, in Ketten! Aber gleich noch einmal zeigt sich der Mythos Columbus. Nur zögernd geht man ans triste Werk. Bobadilla selbst ist schon mal bei der Verhaftung nicht zugegen, und keiner findet sich, dem Admiral die Ketten anzulegen. Bis endlich Columbus' früherer Koch Espinopa vortritt – immer wieder strapazierte Anekdote! – und ihn zu fesseln sich anschickt, so gleichmütig-freundlich, als serviere er gerade die köstlichste Speise. Columbus, ganz Edelmann selbst in seiner schwersten Stunde: »Ich will euch keine Mühe machen, mein Freund!«

Er hat wohl in diesem Augenblick mit dem Leben schon abgeschlossen. Als er wenige Wochen später aus dem Kerker geholt wird und das Murren und Raunen einer großen Menge hört, erwartet er, zum Galgen geführt zu werden. Doch wollen die Leute nur sehen, wie der Herr Ex-Vizekönig auf das Schiff geschleppt wird, das ihn nach Spanien bringen soll, seinem Prozess entgegen.

Ächzend nimmt Columbus auf den nackten Schiffsplanken Platz. Keine Extra-Kajüte diesmal, sondern ein Gefängnis tief drunten im Schiffsbauch. An seinen Füßen klirren die Ketten.

Columbus hat den Tiefpunkt seines Weges erreicht.

Hohe Reise zu den Illusionen

Columbus, wissen wir, ist nicht nur der Träumer, Entdecker, Visionär. Er ist auch ein großer Komödiant. Einer von jenen, bei denen die Grenze zwischen Schein und Sein, Spiel und Wirklichkeit zuweilen zu verschwimmen scheint. Und letztlich ist es wohl dieser kräftige Schuss Komödiantentum in seinem Wesen, der ihn die dunkelsten Monate seines Lebens überstehen lässt.

Er flüchtet sich in eine Rolle: Seht auf mich, den Märtyrer einer guten Sache, der immer nur anderen, nie sich selbst gedient hat! Was nur ist aus ihm geworden? Was habt ihr aus mir gemacht? Das spielt er perfekt.

Er trägt wieder seine braune Franziskanerkutte. Er weigert sich, schon auf dem Schiff, später beim Landgang in Cadiz, sich die Ketten abnehmen zu lassen. Unter ihrem Geklirr schreitet er durch die Straßen, wie unterwegs zu seinem ganz persönlichen Golgatha.

Dabei nimmt ihn ein Kloster bei Sevilla durchaus gastlich auf, er hat dort gute Gesellschaft, Bücher, ein komfortables Heim. Aber auch dort wird er seine Ketten behalten, wird sie sein Leben lang aufbewahren und schließlich mit ins Grab nehmen wollen, ewiger Ausdruck einer Schmach, die nicht seine, sondern die Schmach der anderen ist.

So sieht er es selbst. Und daher hätte ihm sicher auch eine Darstellung aus dem 19. Jahrhundert gefallen, wo er, ein alter, aber immer noch imposanter Mann mit mosaisch wehendem Wallebart, an Deck der ihn nach Spanien zurückführenden »La Garda« über sein Schicksal nachzugrübeln scheint, unter dem klaren Sternenhimmel, Ketten an den Handgelenken.

Wenigstens das ist schon mal nicht ganz korrekt. Columbus hatte nur an den Füßen Ketten, die Hände blieben frei. Und das hatte er gleich auch genutzt, unter anderem zu einem der von ihm so geschätzten umfangreichen Briefe in der typischen Columbus-Mischung aus Großmäuligkeit, Selbstmitleid und pathetischer Übertreibung.

Adressat sind diesmal nicht König und Königin. Er wendet sich vielmehr an Dona Juana, Schwester seines Gefährten Antonio de Torres, eine gute Bekannte also und als Amme des Kronprinzen enge Vertraute der Königin. Was sie erfährt, trägt sie prompt weiter, das weiß er und das nutzt er, indem er den Majestäten gleichsam seine Meinung sagt und sie doch nicht direkt angreift.

Die erfahren also, was für ein Unrecht ihrem Admiral widerfahren ist, von was für abscheulichen Menschen. Kein betrügerischer Kaufmann, jawohl, hätte schmählicher behandelt werden können als er von diesem Bobadilla. Er hätte ganz Indien stehlen, an die Mauren verschenken können, es wäre ihm keine schlimmere Strafe widerfahren als jetzt. Wo er es doch immer nur gut gemeint habe, runde 1700 Inseln dem spanischen Reich zugeführt hätte (mit Zahlen ist Columbus wie immer großzügig), ja, er hätte aus dem armen Spanien das reichste Land der Welt gemacht.

Der Blick in die königlichen Kassen gibt darauf eine andere Antwort. Dennoch verfehlt dieser Brief seine Wirkung nicht, zumal Columbus in Alonso de Vallejo, dem begleitenden Offizier, sowie Andrés Martín, dem Kapitän der »La Garda«, heimliche Sympathisanten findet, die diesen Brief noch vor der Landung an Land schmuggeln und an den Königshof in Córdoba weiterleiten, bevor dort Bobadillas Anklageschrift eintrifft.

Die Majestäten geruhen, bestürzt zu sein. Wobei sie um den eigenen Ruf ebenso fürchten müssten wie um den ih-

> Gott machte mich zum Verkünder eines neuen Himmels und einer neuen Welt und wies mir den Ort, wo sie zu finden sind.
>
> *Columbus im Brief an Dona Juana, 1500*

res Admirals. Immerhin war er fast ein Jahrzehnt lang ihr erklärter Favorit gewesen. Sein Versagen ist zutiefst auch das ihre, die so grundfalsch nicht auf ihn gesetzt haben dürfen. Das verbietet einfach das Ansehen einer von Gott gegebenen Krone und ihrer ebenso göttlich inspirierten Weisheit, und Bobadillas überspitzte Maßnahmen sind sicher nicht in ihrem Sinn gewesen. Nun müssen die Herrschaften sehen, wie sie sich mit Delikatesse aus der Situation herauswinden.

Erst einmal lässt man Columbus wissen, er sei nun natürlich kein Gefangener mehr. Er bekommt sogar Geld, gar nicht wenig, um sich wieder gut kleiden und anständig leben zu können. Und endlich, allerdings erst nach zwei Monaten, fast ist es schon Weihnachten, wird er zur Audienz in die Residenz geladen.

Das ist zu dieser Zeit die Alhambra zu Granada, einstiger Prunkbau der maurischen Nasriden, und in deren früherem Thronsaal stehen sie sich nun ein erstes Mal wieder gegenüber, Tränen in den Augen, das Königspaar und sein berühmtester Seefahrer. Es ist ein rührender Moment.

Doch der Rührung folgt alsbald schon harte Sachlichkeit. Columbus wird insofern rehabilitiert, als ihm die Titel bleiben. Die Titel allerdings nur, sie bedeuten in der Praxis nicht viel. Handfester ist schon das Versprechen, ihm nicht länger seinen Anteil aus allen Gewinnen vorzuenthalten. Schließlich gilt immer noch der Vertrag von Santa Fé. Also wird er vom bisher gefundenen Gold seinen Zehnten bekommen. Das ist zwar bis dahin nicht gar so üppig, macht ihn aber doch zum wohlhabenden Mann.

Was aber wird aus Hispaniola?

Vor noch nicht langem hätten die Majestäten wohl nichts dagegen gehabt, diese vermaledeite Kolonie wieder gründlich zu vergessen und sie irgendwo im Unbekannten verschwinden zu sehen. Inzwischen aber – nicht weniger als acht Expeditionen hinüber zum Festland haben stattgefunden – häufen sich die Indizien, dass sich dort in der Nähe eine Masse Land befindet, ob nun Asien oder nicht, die man nicht ohne weiteres den portugiesischen oder anderen Konkurrenten überlassen will.

Denn Entdeckungseifer, Entdeckerfreude herrscht überall, auch das hat der Erfolg des Columbus ausgelöst: John Cabot (1450 – um 1499) zum Beispiel, ein Landsmann von Columbus, der zunächst noch Giovanni Cabotto hieß, hatte im Auftrag des Britenherrschers Heinrich VII. China finden sollen und war dabei in Neufundland angekommen, während um 1500 der Portugiese Pedro Alvares Cabral ins zunächst von Spaniern erkundete Brasilien vorgestoßen ist.

Für Spanien also Konkurrenz von allen Seiten! Und da ist es nur klug, Hispaniola zu einem festen Stützpunkt künftiger Zeiten auszubauen, gleichsam zum Ausgangspunkt für alle künftig möglichen Eroberungen. Nur eben nicht von einem für solche Aufgaben denkbar ungeeigneten Columbus, dessen neuerliches Erscheinen in Santo Domingo am Ende nur einen Volksaufstand auslösen könnte, da dort keiner ähnlich verhasst ist wie er mit seinen Brüdern.

Auch Bobadilla ist allenfalls ein Mann des Übergangs, dazu noch durch sein ungeschicktes Verhalten in Sachen Columbus kompromittiert. Jetzt muss ein Fachmann her, ein Mann von Ansehen, Ehre und Verstand. Man findet ihn in Nicolás de Ovando, dem Ritterordensmeister von Lares. Er wird neuer »Gouverneur von Indien«. Doch was wird aus Columbus?

Er könnte sich zurückziehen. Der reiche Rentier, der geachtete Ruheständler, *grand old man* im beginnenden Zeitalter der Entdeckungen. So dürfte er seinen Frieden finden, irgendwo in spanischer Provinz, auf einem be-

Durch diese Reise zu den Indischen Landen wünschte unser Herrgott ein überaus offenbares Wunder zu tun, auf dass ich und alle übrigen in Hinsicht auf diese andere Reise zum Heiligen Grab getröstet seien.

Columbus im ›Buch der Prophezeiungen‹, 1501

haglichen Schloss im Schmuck eines Herzogtitels vielleicht. Aber dann wäre er nicht Columbus. Die alte Unrast bleibt, die tiefinnere Heimatlosigkeit. Und die dumpfe Ahnung, einen Lebensauftrag nicht wirklich erfüllt zu haben. Seine zunehmende Religiosität steigert das noch.

Anzeichen für einen, sagen wir, milden religiösen Wahn hatte es ja schon in den Jahren von Santo Domingo gegeben. Jetzt, wieder typisch für ein zutiefst paranoides Wesen, das einzig die selbstgeschaffene Wirklichkeit akzeptiert und dafür nach noch so hanebüchenen ›Beweisen‹ greift, hält er sich vollends für einen Auserwählten Gottes. Mit Hilfe eines befreundeten Paters stellt er sogar ein ›Buch der Weissagungen‹ zusammen, wonach er und kein anderer – Bibelstellen belegen das – den Ozean zu überqueren, das Christentum zu verbreiten und Gold, viel Gold heimzubringen habe, zu allerbestem Zweck natürlich. Es gelte schließlich noch immer, Christi Grab aus den Händen der Heiden zu befreien, ein neuer Kreuzzug sei nahezu überfällig.

Das hatte schon früher angeklungen, da mochte es mehr noch ein taktisches Moment gewesen sein, wie möglicherweise auch die Befreiung der Juden. Jetzt glaubt Columbus selber, was er da behauptet. Und es steht sogar in einem Brief an Papst Alexander VI., der gleich auch genaue Zahlen erfährt. Fünftausend Ritter und wohl das Zehnfache an Fußvolk hoffe Columbus für

> Dieses Unternehmen wurde ins Werk gesetzt mit der Absicht, den ganzen Gewinn aufzuwenden, um der heiligen Kirche das heilige Grab zurückzugeben … Unser Herr machte mir offenbar, dass ich vermutlich in diesem Jahr Ihren Hoheiten einhundertzwanzig Zentner Gold geben könnte, ebensoviel am Ende von weiteren fünf Jahren; aber Satan hat das verhindert.
>
> *Columbus an Papst Alexander VI.,*
> *im Begleitbrief zum ›Buch der Prophezeiungen‹*

den Zug ins Heilige Land mit allen demnächst gefundenen Goldschätzen finanzieren zu können. Der gebürtige Spanier Borgia, menschlich ein Scheusal, politisch einer der klügsten Köpfe, die je Petri Stuhl innegehabt haben, dürfte darüber kaum mehr als gelächelt haben.

Und das alles ist wohl auch nicht mehr ganz normal. Aber wann wäre Columbus je ganz normal gewesen oder gar weise? Er hätte dann, merkt sein Biograf Gianni Granzotto treffend an, Amerika nie entdeckt.

Jetzt jedoch, irgendeinen Gipfel muss er noch in dieser Welt erklimmen, bevor ihn die immer schmerzhaftere Gicht vollends zum Krüppel macht, verdichtet sich in ihm seine Vision einer letzten, der »Hohen Reise«, wie er sie selber nennt. Eine letzte Fahrt hin zu allen Illusionen, die sein Gemüt nach allen empfangenen Demütigungen mehr denn je braucht, um mit sich selbst ins Reine zu kommen, und die ihn noch einmal im alten, fast schon vergangenen Glanz bestätigt.

Er will nun diese Landmasse dort durchstoßen, mag sie Asien sein oder nicht, dann über das gewisslich dahinterliegende »Indische« oder »Chinesische Meer« weiterfahren und am Ende einmal die Welt umrundet haben. So soll denn die »Hohe Reise« krönender Abschluss seiner Laufbahn werden!

Am Hof ist man Columbus' Plänen gegenüber allen Enttäuschungen der letzten Jahre zum Trotz bemerkens-

Vasco da Gama (um 1468–1524) umrundete 1497 im Auftrag des portugiesischen Königs Manuel I. das Kap der Guten Hoffnung und stieß mit Hilfe eines arabischen Navigators bis nach Calicut (Kalkutta) in Ostindien vor. Auf einer zweiten Reise begründete er Portugals Vorherrschaft im Indischen Ozean, wurde zum Vizekönig von Indien ernannt und fand an einem Weihnachtsabend im Kampf mit einem rivalisierenden portugiesischen Statthalter den Tod.

wert aufgeschlossen und zögert nicht lange mit der Zustimmung. Die Gründe dafür liegen auf der Hand. Denn so wird man den alten Herrn in Ehren los, er darf sich noch einmal ernst genommen fühlen, und im übrigen: Weiß man, ob er nicht doch noch die bestmögliche westliche Route nach Indien findet?

Denn gerade ist drüben in Portugal Vasco da Gama von seiner großen Ostasien-Fahrt zurückgekehrt, er war auf dem Weg über Afrika bis Kalkutta vorgedrungen. Jetzt bricht er ein weiteres Mal nach Indien auf. Möglich, dass sich die Herren irgendwo auf dem Ozean begegnen. Vorsorglich bekommt Columbus einen Brief für den Kollegen mit.

Schon im Februar 1502 ist der neue Gouverneur von Hispaniola nach Santo Domingo gestartet, mit 32 Schiffen und 2500 Mann. Columbus, so er wirklich dieser Abreise beigewohnt haben sollte, wie seine Legende wissen will, dürfte eher trübe geblickt haben. Wann wäre je mit ihm ein solcher Aufwand getrieben worden? Dann wendet er sich der eigenen, entschieden bescheideneren Flotte zu.

Die umfasst gerade vier Karavellen, die »Niña« ist diesmal nicht dabei. Nicht Columbus selbst hat den Oberbefehl, dafür ist sein Gesundheitszustand zu angegriffen. Immerhin gehört zu den Kapitänen sein Bruder Bartolomeo, der eigentlich, gleichfalls in Ketten nach Spanien zurückgeschleppt, vom Dauerabenteuer seines großen Bruders die Nase kräftig voll hat. Doch murrend schleppt er sich in brüderlicher Treue dem anderen ein letztes Mal hinterher.

Im übrigen gehören auffallend viele ganz junge Leute, fast noch Kinder, zur Besatzung, darunter ein aufgeweckter Dreizehnjähriger, Columbus' jüngerer Sohn Fernando, den die weite See sicher mehr lockt als der öde Dienst am Hof der Königin.

Es ist der 9. Mai 1502. Columbus bricht auf, wieder von Cadiz aus. Jugend und Ehre habe er im Dienst der Krone geopfert, hatte es in seinem Brief an die Dona Juana geheißen. Die Jugend zwar ist unwiederbringlich dahin.

Aber seine angeschrammte Ehre will er mit dieser seiner mutmaßlich letzten Reise wiederherstellen.

Sie fängt zunächst noch ziemlich friedlich an. Kein Zwischenstopp in La Gomera diesmal, dafür ein Abstecher nach Marokko, wo die Mauren einen portugiesischen Stützpunkt belagern. Die aber sind schon wieder abgezogen, die Portugiesen winken freundlich ab: Danke, liebe Glaubensbrüder, wir brauchen eure Hilfe nicht!

Von den Kanarischen Inseln aus wird Dominica angepeilt, die erste Entdeckung der zweiten Reise. Doch stattdessen kommt man nach Martinique, und Columbus hat Sorgen mit einem der Schiffe, würde es gern gegen ein anderes auswechseln. Wo aber, wenn nicht in Santo Domingo? An den neuen Gouverneur geht ein höflicher Brief ab. Ob denn ein Besuch in der alten Wahlheimat erlaubt sei?

Der schüttelt den Kopf. Hatte nicht die Königin mit der Erteilung des neuen Auftrags an Columbus gleich zweierlei verbunden? Einmal das Verbot jeden Sklavenhandels. Und dann, ausdrücklich, wenigstens bei der Hinfahrt auf gar keinen Fall Hispaniola anzulaufen (bei der Rückfahrt wollte man großzügiger sein, da schließlich irgendwo für die Fahrt nach Hause Wasser und Proviant geladen werden musste). Aber stur wie immer steuert der Alte auf Santo Domingo zu und sieht schon dessen farbige Steinhäuser am Horizont bunt und schillernd leuchten.

Nicolás de Ovando wendet sich achselzuckend ab. Er hat andere Sorgen. Zum Beispiel die Flotte der zwanzig Schiffe, die nach Spanien zurückkehren soll, unter anderem mit allem bisher gefundenen Gold inklusive des Columbus-Anteils an Bord. Zu den Passagieren werden auch der aus seinem Amt in Gnaden entlassene Bobadilla sowie der unzuverlässige Roldán gehören. Doch was schreibt da noch der Alte, besserwisserisch wie stets? Die Flotte solle lieber nicht starten, ein schlimmer Sturm sei im Anzug? Woher will er denn das wissen? Kann er neuerdings hellsehen?

Das nun nicht gleich. Aber anders als Ovando kennt Columbus das Land hier, hat die heranrollenden Meereswogen immer länger werden sehen. Er weiß, was das bedeutet: Taifun!

Schon bricht er los, zerfetzt die spanischen Schiffe, schmettert sie gegen das Ufer, treibt sie, bestenfalls, schwerbeschädigt in den Hafen zurück. Ein einziges übersteht den Sturm halbwegs unversehrt, ausgerechnet das mit dem Goldschatz, und gelangt nach Spanien. Vor Hispaniola ertrinken aber wohl fünfhundert Spanier, darunter Roldán und Bobadilla. Columbus, der sich mit seinen Schiffen in eine versteckte Bucht geflüchtet hatte, könnte darin eine Art Gottesgericht sehen über alle, die ihm übel wollten. Auf alle Fälle darf er darin ein gutes Omen für die eigene weitere Reise erkennen. Er selbst, ganz offensichtlich, hat noch einen göttlichen Auftrag zu erfüllen. Die anderen, verdammt!, möge allesamt die Hölle holen!

Es wird dann eine Reise, deren Höhepunkt, von Columbus kaum wahrgenommen, gleich am Anfang steht.

Auf einer Insel vor dem heutigen Honduras stoßen sie auf eine ganz andere Art Eingeborene als bisher. Sie laufen nicht nackt umher, sondern hüllen sich in schön gewebte Baumwolltücher, und rutscht einem einmal der Lendenschurz von der Scham, hält er rasch die Hand davor. Auch allerlei kunstvoll geschmiedetes Werkzeug haben sie bei sich, und ein Kanu führen sie mit, das fast schon ein richtiges Schiff ist, mit Kajüte und anderen Schikanen.

Chinesen, folgert Columbus messerscharf, und woher sie denn kommen? Die weisen in den Westen, dort liege ihr Reich, wohl »Quinquetana« heiße es. Das versteht jedenfalls Columbus, und wieder einmal ist ihm alles klar. Das werde, kein Zweifel, das schon bei Marco Polo erwähnte Kotschinchina sein, nun schön.

Aber seine Aufgabe ist es nicht, Kotschinchina zu finden, sondern den Durchgang zum »Chinesischen Meer«. So segelt er denn weiter, und das Reich der Maya auf Yucatán bleibt von ihm unentdeckt, jene altamerikani-

36 Die Reisen des Columbus

sche Kultur, die dann, anders als Inkas und Azteken, nicht Opfer der spanischen Konquistadores werden, sondern auf rätselhafte Weise an sich selbst zugrunde gehen soll. Columbus aber, den Blick starr auf jene ominöse Durchfahrt zum »anderen Meer« hinüber gerichtet, streift nun mit seinen vier Schiffen an der Küste entlang.

Landgänge bringen das eine und andere Abenteuer, etwa zwei blutjunge, diesmal nun wieder splitternackte Indianermädchen, fast Kinder und ein offensichtliches Geschenk des Kaziken für die weißen Ankömmlinge, zur beliebigen Verwendung. Columbus, ganz Kavalier, weist das natürlich zurück, kleidet die Damen ein, verköstigt sie und schickt sie dann unangerührt wieder nach Hause.

Ein anderes Geschenk lehnen seine Leute nicht ab, zwei Wildschweine, die sie dann gegen einen gefangenen Affen hetzen, dem sie vorsorglich ein Bein abgeschlagen haben, und die begeistert zuschauenden Spanier überlegen schon mal, ob das nicht auch ein hübscher Sport für die Heimat sei.

Auch auf anderes Getier stoßen sie, auf Krokodile zum Beispiel, die im Flussschlamm träge hingelagert auf ihre

Opfer lauern, und da graust es den Spaniern nun doch. Weniger vor den Haien, die das Schiff umkreuzen. Die erschlagen sie, braten sie, essen sie. Etwas anderes als der ewige, zu einem pappigen Brei aufgeschwemmte Zwieback, den sie nur nachts im Dunkeln zu verzehren wagen, denn da sieht man die Maden darin nicht so.

Das sind so die kleinen Abwechslungen auf dieser Reise. Aber sonst? Regengüsse. Heulender Sturm. Es ist fast so, als wehre sich der Kontinent, von diesen Männern betreten zu werden. Die knien an Deck und nehmen sich schon mal gegenseitig die Beichte ab. In Columbus dämmert aber die dumpfe Ahnung heran, es gäbe diesen Durchgang zum anderen Ozean gar nicht. Dafür hat er bei einem der Landgänge an den Hälsen der Eingeborenen dicke gelbe Scheiben gesehen.

Gold! Mal wieder Gold! Und wieder der nur allzu vertraute Gedanke: Sollte auch diese »Hohe Reise« eigentlich ein Fehlschlag werden, so würde ein reicher Goldfund die Niederlage wettmachen. Und wie einst auf Hispaniola beschließt Columbus – aus Erfahrungen zu lernen scheint ihm nicht gegeben – die Gründung einer Siedlung am Ufer eines Flusses, nach bewährtem Muster. Der Bruder soll das Kommando übernehmen. Er selbst will nach Spanien zurück und dort den nötigen Nachschub holen.

An einer Flussmündung machen sie Halt. Sie wissen nicht, wie nahe sie ihrem eigentlichen Ziel sind. Denn hier auf der zentralamerikanischen Landbrücke, nicht weit vom heutigen Panama-Kanal, ist der Kontinent so schmal wie nirgends sonst. In einigen Tagesmärschen hätten sie die Küste des Pazifik erreicht.

Sie können es nicht ahnen, gründen stattdessen ihre Siedlung, und da es der 6. Januar 1503 ist, an dem sie diesen Ort erreichen, der gleiche Tag, an dem einst im Stall zu Bethlehem die Weisen aus dem Morgenland ihr Knie vor Maria und dem Kind beugten, nennt Columbus die armselig aus ein paar Palmblatthütten zusammengestoppelte Siedlung »Santa Maria de Belén.«

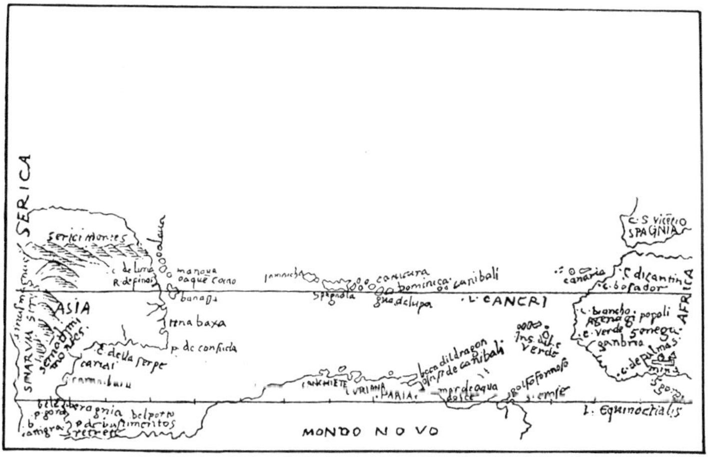

37 Das kosmografische Konzept des Columbus, 1503

Damals zu Bethlehem fing ein neues Zeitalter an. Für Columbus hingegen enden hier im mittelamerikanischen Bethlehem alle alten Illusionen. Belén ist die eigentliche Endstation seiner so zögernd angelaufenen, dann so strahlenden und schließlich so elenden Laufbahn.

Unverhofft fällt das Flusswasser. Die Schiffe stecken fest. Und böse Blicke richten sich aus dem Dschungeldickicht auf sie. Denn die Indios hier gehören nicht zu jenen, die sich nackt und wehrlos ihren Unterdrückern präsentieren. Die wissen sich zu wehren. Schon fallen sie über die Spanier her, etliche werden getötet, darunter einer der Kapitäne. Columbus aber liegt in seiner Kajüte. Malaria schüttelt ihn, er fiebert, redet irre. Die anderen starren voller Hass auf ihn.

Einmal, bei einem besonders heftigen Sturm, als sich alle schon verloren glaubten, war er an Deck getreten, ein Schwert in der Hand. Damit hatte er ein Kreuz in die Luft gezeichnet, der Sturm hatte sich prompt gelegt, und die anderen glaubten ihn noch mit Gott im Bunde. Jetzt aber muss der Teufel sein Partner sein, dies hier wenigstens die Vorhölle. Und wohin führt sie Columbus noch?

Fort! Nur fort! wird zur Devise. Irgendwohin. Wenn nicht gleich nach Spanien, dann wenigstens nach Kuba oder Santo Domingo. Die Schiffe, wenigstens drei davon, werden wieder halbwegs flottgemacht. Sie segeln los, wenn man das so noch nennen kann. Denn das sind kaum Schiffe mehr. Das sind von Holzwürmern zerfressene, sich mühsam über Wasser haltende Wracks. Mit ihnen kommen sie gerade mal bis Jamaika.

Columbus kennt die Insel von seinem Ausflug nach Kuba damals im Jahr 1492 her. Dort war sie ihm, wieder mal, als »Goldinsel« empfohlen worden. Aber als er dann 1494 auf Jamaika landete, war von Gold wie immer nicht viel zu sehen gewesen. Enttäuscht hatte er sich von der Insel abgewandt und alle wissen lassen, eine Reise gerade dorthin lohne sich ganz sicher nicht. Nichts mag er nun mehr bedauern als gerade diese leichtfertige Behauptung.

Denn wer verirrt sich nun noch hierher? Wer könnte vorbeigesegelt kommen, sie retten und hinüber ins nicht gar so weite Hispaniola bringen?

Die Männer zerren die Schiffsruinen an Land, sie stützen sie so gegeneinander, dass sich eine Art Festung ergibt, Schutz gegen mögliche Angriffe durch die Indianer. So warten sie auf ihr Ende. Denn etwas anderes scheint ihnen kaum übrig zu bleiben.

Es ist der späte Juni 1503, und die Bucht, in der er mit seinen über hundert verbliebenen Leuten gelandet ist, heißt Santa María de Gloria. So hatte er sie schon bei seinem ersten Jamaika-Besuch getauft, und der gloriose Na-

Mein Vater glaubte, dass die Straße da sein müsste, und sie war da. Sein Fehler war, dass er davon ausging, dass sie ein Kanal von See zu See sein müsse, und nicht davon, dass sie ein Landrücken oder ein Isthmus sein könne, denn obwohl das Wort »Straße« ja entweder eine Land- oder eine Wasserstraße sein müsse, ging er fest von letzterem aus.

Fernando Columbus, Das Leben von Christoph Columbus

me hat nun seinen traurig-komischen Nachklang. Was ist noch glorios an dieser seiner letzten Reise, die mit einem halben Schiffbruch endet?

Columbus mag zum Horizont starren. Dort hinten irgendwo liegen die Ziele all seiner Träume. Unerreichbar für ihn. Ein Moses, der das Land, in das er andere führte, selber nie wird schauen dürfen. Und wieder ertappt man sich bei dem Wunsch, das Schicksal möge hier den Vorhang gnädig sinken lassen, ihm damit einen Hauch von Würde lassen.

Doch hält dieses Schicksal für Amerikas Entdecker immer noch einen weiteren letzten Akt bereit.

Amerika, du hast es besser

Columbus schreibt mal wieder einen Brief. Und wieder ist es die übliche Columbus-Mixtur aus Selbstüberhöhung und Weinerlichkeit. Wie schlecht es ihm doch ginge und wie unverdient dies Schicksal sei, man kennt das alles. Und Columbus kann es auch diesmal nicht lassen.

Wieder fehlt nicht sein lockender Hinweis auf das angebliche Goldland, das er drüben auf dem Festland entdeckt haben will, viel reicher als Hispaniola, und selbst der Gedanke an den Kreuzzug, der von diesem Gold zu finanzieren sei, klingt wieder an. Im Kern ist es natürlich nichts anderes als ein dringlicher Hilferuf hinüber nach Spanien, ein Betteln um ein paar Schiffe mit hinreichend Lebensmitteln und ein paar wohlausgerüsteten Soldaten.

Doch wie sollte diese Bitte je hinüber zu Spaniens Herrschern dringen, hier von der palmenumstandenen Einsamkeit Jamaikas aus mit dem sanft schwappenden, in tausend Farben opalisierenden Meer davor? »Ich sitze hier am Rand der Verzweiflung«, heißt es in diesem Schreiben.

Immerhin hat sich Columbus' Besatzung mit der Situation leidlich arrangiert. Man hat Süßwasser genug von zwei Flüssen in der Nähe, hat wenigstens zu essen. Zwar sind die Spanier auch diesmal nicht auf die Idee gekommen, sich selbst Früchte vom Baum zu pflücken oder Fi-

Ich erkläre, dass ich in diesem Brief nur den hundertsten Teil von dem berichte, was mir zugestoßen ist. Jene, die bei mir waren, können es bezeugen. Wenn Eure Hoheiten die Gnade haben wollten, mir zu helfen, so senden Sie mir ein Schiff von mehr als 64 Tonnen, mit zweihundert Zentnern Zwieback und anderen Lebensmitteln; das würde mir genügen, um mit meinen Leuten nach Spanien zurückzukehren.

Aus Columbus' Brief aus Jamaika, 1503

sche zu fangen. Dafür werden Kontakte zu den freundlich gesonnenen Einheimischen, den Aruaks, geknüpft, die gegen die üblichen Gaben, also Glasperlenketten, Klingelglöckchen und einmal eine richtige Schere für den Häuptling, Brot und Wildbret herbeizuschleppen bereit sind.

Man lebt also. Man langweilt sich. Und sehnt sich nach Spanien. Columbus, nun schon schwerkrank, meist bettlägerig in seine Kajüte zurückgezogen, spürt durch den Schleier aller Schmerzen und Beschwernisse die wachsende Ungeduld der rund hundert anderen. Er hat ihnen das Verlassen der Schiffe untersagt, fürchtet zu Recht unausweichliche blutige Zusammenstöße mit den Aruaks, auf deren Hilfe sie schließlich angewiesen sind. Aber er weiß ebenso, dass dieser Zustand so nicht lange mehr zu halten ist. Sie müssen weiter. Irgendwann und bald. Wenigstens bis Hispaniola. Doch wie nur? In Kanus, wie sie die Indios benutzen?

Anders geht es wohl kaum. Denn die drei verbliebenen Schiffe sind allesamt nicht mehr seetüchtig. Auf den Kanus kann man jedoch allenfalls mal einen Fluss hinunter, jedoch nie aufs offene Meer hinauspaddeln.

Einer wagt es dennoch. Diego Méndez, einer der wenigen aufrichtigen Columbus-Getreuen voller Respekt vor dem »Herrn Admiral«, wie er ihn nie anders anredet, und damit nahezu die Lichtgestalt des ganzen Unternehmens, ein recht origineller Bursche dazu, mehr Intellektueller als ruppiger Seemann, sehr belesen, ein Scholar und um Einfälle nie verlegen. Was hatte er doch getan, als ihn und seinen Spähtrupp bei einem Ausflug ins Landesinnere feindliche Indianer umringten und man sie schon ihre Messer wetzen zu hören meinte?

Seelenruhig hatte sich Méndez auf den Urwaldboden gesetzt und sich von einem Kumpan das Haar scheren lassen, bis die Indios, die verblüfft zugesehen hatten, schließlich alle selbst so frisiert werden wollten. So jedenfalls erzählt es Méndez, der auch sonst in seinen Aufzeichnungen mit Eigenlob nicht spart, und wer möchte dem wackeren Mann eine so hübsche Geschichte nicht glauben?

Wenn also einer die Fahrt im Indianerkanu hinüber nach Hispaniola meistern kann, dann wohl er, und er startet nach einem verunglückten ersten Anlauf ein zweites Mal mit zwei Booten und zehn indianischen Ruderern. Auch Bartolomeo Fieschi, einer der Kapitäne und Columbus' genuesischer Landsmann, ist bei dieser Höllenfahrt über hundert Seemeilen hinweg dabei. Das Schlimmste daran wird der Durst.

Einer der Indianer verdurstet schon auf See. Andere können sich nicht zurückhalten, sie schlucken Salzwasser und gehen daran zugrunde. Die übrigen stürzen sich, als endlich Hispaniola erreicht wird, so gierig aufs erste Süßwasser und trinken so viel davon, dass sie daran sterben. Aber Santo Domingo, nach weiterer Endlos-Fahrt rund um die Insel, wird erreicht und Méndez und Fieschi dürfen aufatmen: Menschen um sie herum, feste Häuser, keine Strömung mehr, die sie jeden Augenblick in die Tiefe hinabzuziehen droht.

Nur vom Herrn Gouverneur ist nichts zu sehen. Der befindet sich gerade im Landesinneren, wo Nicolás de Ovando gerade dem Eingeborenenproblem wortwörtlich zu Leibe rückt und schon mal einen Vorgeschmack davon vermittelt, wie künftig Weiße, in Nord- wie Südamerika, mit der Urbevölkerung umzuspringen gedenken.

Ein Aufstand bereite sich vor? Und die Indios hätten dafür auch schon einen Anführer gefunden, genauer: eine Anführerin namens Anacoana, eine ausnehmend schöne und kluge Fürstin von charismatischem Charme?

Eine List muss her, sie zu besiegen. Zu einem Fest wird geladen, zum Turnier mit großem Gastmahl ganz im europäischen Stil, und als alle Indianerführer versammelt sind, die hohe Frau an ihrer Spitze und voll Vorfreude, dass die weißen Herren vielleicht doch nicht ganz so schlimm sind, wie es scheint, fallen die freundlichen Gastgeber über sie her. Alle, in einem einzigen grausamen Gemetzel, werden geköpft, verbrannt, gevierteilt.

Nur der Dame gegenüber gibt man sich etwas zurückhaltender. Die wird nach kurzer Folterung lediglich erhängt.

Unmenschlichkeit? Natürlich. Skrupel irgendwelcher Art? Nicht die Spur. Wie heißt doch gleich die Losung? »Indianer sind keine Menschen, sondern Tiere«. Und so schlägt de Ovando gleich noch einen weiteren Aufstand nieder, drängt einen rebellischen Stamm, auch Frauen und Kinder sind dabei, in die Berge ab, wo sie dann allesamt in einer Schlucht zu Tode stürzen. Stolz gründet er an dieser Stelle eine Stadt, La Villa de la vera Paz, Stadt des wahren Friedens, so kann man das auch nennen. Und verständlich ist, dass ein derart beschäftigter Mann nicht auch noch Zeit für die Abgesandten des Herrn Columbus hat.

Wie? Den gibt es noch? Der sitzt auf Jamaika fest? Dort sitzt er gut, dort kann er bleiben. Und krank ist er? Umso besser. Dann wird er nicht mehr lange zu leben haben.

Acht Monate wird es dauern, bis sich Ovando erweichen lässt, ein Schiff hinüber nach Jamaika zu schicken, und dann ist es nur eine kleine Karavelle mit einigen Lebensmitteln an Bord, gerade mal einem Fässchen Wein, einem halben gepökelten Schwein – und der strikten Weisung, keinen der Leute zurück nach Hispaniola mitzunehmen. Das Schiff ist gleich wieder verschwunden.

Die Ungeduld derjenigen, die weiterhin auf Jamaika festsitzen, wird nun noch schlimmer. Zusammengepfercht hocken sie an Deck der gestrandeten Schiffe, ihre Kleider behalten sie trotz glühender Hitze an, um nicht gänzlich »Wilde« zu werden. Alles hier ist eng und dreckig, Frauen gibt es auch nicht. Und irgendwann explodiert die Stimmung.

Zwei der Männer treten vor Columbus hin, nicht irgendwelche Kerle, nein, richtige »Herren« aus dem höfischen Adel, der Kapitän Francisco de Porras und sein Bruder Diego, Zahlmeister der kleinen Flotte. Sie – und fast die Hälfte der anderen – wollen es wagen und Méndez in Indianerbooten folgen, hinüber nach Hispaniola. Nicht ganz leicht zu begreifen, warum es ihnen ihr Admiral nicht gestattet. Hat er Angst, hier ganz allein und krank zurückzubleiben?

Sie wagen es dennoch. Auf eigene Faust und wieder mit rasch zusammengefangenen indianischen Ruderern, da sich kein Hidalgo so rasch und freiwillig Schwielen an den Händen holt. Columbus und die übrigen hören sie noch fröhlich singen. Alsbald aber verstummt jeder Gesang. Denn die Boote sind zu schwer, sie kommen nicht gegen die Strömung an. Die Spanier werfen Ballast über Bord, voran die indianischen Ruderer, und als sich einige der Unglücklichen an den Bootsrand krallen, werden ihnen die Hände abgehackt. Dennoch müssen die Boote bald umdrehen.

Natürlich kehren die Porras-Brüder und ihre Rotte nicht zu Columbus zurück. Jetzt durchstreifen sie das Land, nach spanischer Art: Sie morden, brandschatzen, vergewaltigen. Hass und Verachtung der Eingeborenen sind ihnen sicher. Voll Wut wird zugleich auf Columbus und seine bei den Schiffen gebliebenen Leute gestarrt.

Die Indianer greifen nicht an. Aber sie stellen kurzerhand die Lieferung von Lebensmitteln ein, vielleicht gehen auch die Vorräte an Glasperlen und Glöckchen zur Neige. Jedenfalls droht wieder Hunger. Es muss etwas geschehen, Columbus begreift das. Noch einmal, ein letztes Mal, läuft er zur großen Form auf, und mag am Ende die Geschichte nur gut erfunden sein, so erzählt sie sich so hübsch, dass man sie sich inmitten aller sonstigen Traurigkeiten nicht schenken möchte.

Stellen wir uns also Columbus vor, wie er dort am Strand inmitten muffig vor sich hinstarrender Indios steht, vom eisgrauen Bart umweht, mit feurigen Blick und feierlich erhobener Stimme. Ob sie denn nicht wüssten, welch schwere Sünde sie gerade begingen, indem sie die weißen Herren hungern ließen. Deren Gott würde sie bald furchtbar strafen, zuvor aber ein Zeichen setzen, auf dass sie noch Umkehr nehmen könnten.

Die Nacht bricht herein. Heller Mondschein. Alles starrt zum Himmel. Und siehe: Der Mond, eben noch gleißendes Silber, verdunkelt sich, ringsum wird alles finster. Unter den Indios bricht Heulen und Zähneklappern aus.

Aber endlich wird es wieder heller, Columbus nickt in ernster Güte: Habt ihr das Zeichen gesehen? Das nächste Mal, ihr könnt sicher sein, wird es nicht noch einmal Licht geben. Dann … Die Indios, noch immer zutiefst erschrocken, die Arme abwehrend hochgereckt, stürzen davon. Die Weißen werden nicht länger zu hungern brauchen. Und Columbus zieht sich mit kleinem Schmunzeln zurück.

Natürlich war es lediglich eine simple Mondfinsternis, die der sternenkundige Mann errechnet hatte. Seltsam allerdings, dass die Indianer, sonst so genaue Naturbeobachter, dieses Phänomen nicht schon vorher einmal erlebt haben und um seine Harmlosigkeit nicht wissen sollten. Doch belassen wir es dabei! Stimmt es nicht so ganz, so soll es eben gut erfunden sein.

Von den Indios droht keine Gefahr mehr. Wohl aber von den anderen Weißen dort im jamaikanischen Busch. Francesco de Porras, seine Männer um sich geschart, setzt jetzt zum Angriff an, den verfluchten Columbus endgültig zu erledigen. Mit seinen Leuten stürmt er zum brüchigen Schiffsbollwerk vor, und das wird nun Bartolomeos große Stunde. Der kleine Bruder, ewiger Zweiter im Schatten des Admirals und Weltentdeckers, kämpft diesmal in der ersten Reihe, die Rebellion wird niedergeschlagen, die Brüder Porras in Ketten gelegt. Dann, endlich, trifft ein Schiff aus Hispaniola ein, diesmal nicht nur mit ein paar mageren Lebensmitteln an Bord.

Méndez hatte eine von drei Karavellen gechartert, die von Spanien her in den Hafen von Santo Domingo eingelaufen waren. Zwei kehrten gleich wieder in die Heimat zurück, mit Méndez als Passagier, Columbus' Brief an das Königspaar in der Tasche. Die dritte steuert auf sein Geheiß hin Jamaika an. Die Zeit dort ist überstanden.

Im Juli 1504 trifft Columbus in Santo Domingo ein. Ovando empfängt ihn in verlogener Freundlichkeit, mit dem »Kuss des Scorpion«, wie später Columbus' Sohn

38 Columbus als Entdecker der Neuen Welt. Stich, 1621

Fernando schreibt. Der nun Fünfzehnjährige ist ebenso dabei wie sein Onkel Bartolomeo, als der Vater bald weiter nach Spanien zieht. Zuvor hatte ihm Ovando noch die Schmach angetan, den Brüdern Porras die Ketten wieder abzunehmen. Denn Columbus hätte kein Recht gehabt, sie in Eisen zu legen, und im übrigen haben die Herren recht gute Beziehungen zum Hof, da will man denn doch nicht allzu viel riskieren. Schlimmer hätte man dem einstigen Vizekönig seine Bedeutungslosigkeit nicht zeigen können.

Dem heimkehrenden Columbus dürfte das zu dieser Zeit bereits recht egal sein. Auch diese »Hohe Reise« ist ein Fiasko geworden, das dürfte ihm klar sein, und nie wieder wird er amerikanischen Boden betreten.

Am 7. November 1504 trifft er in Spanien ein, und von den vier Malen ist es sicher die traurigste, deprimierendste Rückkehr. Kein Jubel, der schon gar nicht. Aber auch kein stolz trotziger Gang in härener Kutte zu Kettengeklirr. Ein Aussätziger scheint sich in sein Haus zurückzuschleichen, unbeachtet, mit einem Achselzucken abgetan, und gleich auch erwartet ihn ein weiterer Schicksalsschlag: Keine drei Wochen nach seiner Rückkehr entschläft die schon länger kränkelnde Königin Isabella, die noch am ehesten seine Gönnerin war.

Columbus, er wäre gut beraten, könnte sich nun vollends zurückziehen und nur noch der Privatmann sein. Er könnte es sich leisten, ist reich (selbst Ovando hatte ihm seinen Anteil am gefundenen Gold nicht vorenthalten), hat sein Haus in Sevilla. Seine Söhne, die Brüder, einige Freunde sind ihm geblieben.

Aber er bleibt Columbus. Er will mehr, alles eigentlich und nicht nur die Titel, die ihm zuzugestehen man am ehesten noch bereit ist. Er verlangt jetzt den vollen Zehnten von allen nur denkbaren Einkünften aus der Neuen Welt, wie es ihm der Vertrag von Santa Fé zugesagt hatte. Und man kann es grandios oder auch grandios stur nennen, wie hier – Cervantes' Don Quijote bei seinem Sturm auf die Windmühlenflügel gleich – ein Mann um sein Recht kämpft. Vor allem ist es wohl seine Art zu überleben.

Solange er kämpft, gibt es ihn noch, und all seine Träume und Illusionen sind noch nicht völlig widerlegt. Das hält ihn aufrecht. Überdies meint man noch einmal den Wollwebersohn zu erkennen, den armen Jungen aus Genua, für den es eigentlich nur einen einzigen Maßstab gibt, den materiellen Reichtum, das Gold. Das allein hebt einen Menschen aus der Masse der Durchschnittlichen heraus.

Columbus will beim König vorgelassen, will wenigstens angehört werden. Sein wichtigster Mitstreiter wird dabei sein Sohn Diego. Der hat inzwischen in der königlichen Garde Karriere gemacht und zudem eine Nichte des Königs geehelicht, aus dem erlauchten Haus derer zu Alba. Und während sich sein Halbbruder Fernando in der Folge zum Stubengelehrten entwickelt, der noch mit Erasmus von Rotterdam korrespondiert, bevor er 1538 in

Sevilla stirbt, kinderlos wie auch seine Onkel, der 1514 verstorbene Bartolomeo und der ihm im Jahr darauf in den Tod gefolgte Diego, wird des Vaters legitimer Ältester zum eigentlichen Anwalt der väterlichen Sache, forsch, charmant und beharrlich. Dennoch erreicht er zunächst nichts.

Endlich, im späten Jahr 1505, macht sich Columbus noch einmal selber auf den Weg. Er kann den kranken Körper nicht mehr auf einen Pferderücken hieven, er erwägt, jenen fahrbaren Katafalk zu mieten, auf dem kurz zuvor der tote Kardinal von Spanien durch die Lande gekarrt worden war. Der Admiral hoch zu Katafalk! Aber dann bleibt es doch bei einem Maultier, auf dessen Rücken er dem Hof zunächst nach Salamanca, dann bis Valladolid folgt. Das wird die Endstation.

Am 19. Mai 1506 lässt er sein schon 1502 abgefasstes Testament bestätigen, mit ein paar freundlichen Gedanken für die verlassene Geliebte Beatriz dabei. Dann geht es mit ihm zu Ende. Die Söhne sind bei ihm, Lieblingsbruder Diego, die Freunde Fieschi und Méndez.

Nicht Bruder Bartolomeo. Der ist in Sachen Columbus zur gerade in Kastilien eingetroffenen Tochter Königin Isabellas unterwegs, zu Johanna, die mit ihrem burgundischen Ehemann Philipp dem Schönen Anspruch auf den kastilischen Thron erhebt, während sich Vater Ferdinand auf sein angestammtes Aragonien zurückziehen soll.

Ich befehle ihm, für Beatriz Enríques, die Mutter meines Sohnes Fernando, Sorge zu tragen, sie mit den nötigen Mitteln zu versehen, dass sie davon würdig leben kann. Sie ist ein Mensch, dem ich tief verbunden bin. Dies soll zur Entlastung meines Gewissens geschehen, denn es drückt schwer auf meiner Seele. Ausführlicher darüber zu sprechen, ziemt sich hier nicht.

Columbus' testamentarische Anweisung an den Sohn Diego (einzige schriftliche Äußerung über seine Gefährtin)

Vielleicht also, dass Kastiliens künftige Herrscherin die Sympathie der Mutter für Columbus übernimmt und anders als der berüchtigt geizige Vater seinen Ansprüchen stattgibt. Vielleicht reift hier sogar eine neue Gönnerin im Purpur heran. Doch alles kommt ganz anders.

Philipp der Schöne wird überraschend sterben, die immer schon neurotische Johanna, Isabellas Sorgenkind, versinkt vollends in jener geistigen Wirrnis, die ihr den Namen »die Wahnsinnige« einträgt. Die Nöte des Columbus dürften kaum noch zu ihr gedrungen sein, und ganz sicher hat sie sehr andere Sorgen. Der »Fall Columbus« bleibt weiterhin offen, der Prozess darum wird ihn weit überdauern.

Columbus stirbt am 20. Mai 1506.

Unrast bleibt aber über seinen Tod hinaus sein Gesetz. Denn er selbst mag seinen Frieden endlich gefunden haben, seine Gebeine längst noch nicht. Zunächst werden sie in Valladolid beigesetzt, später nach Sevilla, noch später, 1536, nach Santo Domingo auf Hispaniola überführt, »seine« Stadt am ehesten noch, an der er in schmerzlicher Liebe gehangen haben soll. Damit hätte sich der Kreis schließen können. Aber nein. Noch lange nicht.

1795 muss Spanien die Insel ganz den Franzosen überlassen, das Grab des Columbus wird nach Havanna auf Kuba verlegt, jene andere Insel, die er so verzweifelt für ein Stück Asien hielt. Doch auch sie bleibt nur Zwischenstation. Als die Vereinigten Staaten 1898 im Krieg gegen Spanien siegen, geht es noch einmal auf Wanderschaft, diesmal zurück nach Spanien, wo endlich die Kathedrale von Sevilla die Gebeine aufnimmt.

Wirklich? Ein bis heute nicht abgeschlossener Streit hebt an und wird immer wieder entfacht, wie um die

In manes tuas, Domine, commendo spiritum meum (In deine Hände, Herr, befehle ich meinen Geist)

Columbus' letzte Worte am 20. Mai 1506 in Valladolid

Hintergründe von Mayerling oder die Identität der Zarentochter Anastasia: Wer ruht nun wirklich in Columbus' Grab? Hat man die sterblichen Überreste nicht möglicherweise schon bei der Überführung von Santo Domingo nach Havanna verwechselt, vielleicht mit denen seines an seiner Seite beigesetzten Sohnes Diego?

Der war 1526 gestorben, nachdem er zuvor eine Weile glücklos den Gouverneur von Hispaniola hatte spielen dürfen. Aber sein Streit mit der Krone kommt erst nach seinem Tod zur Ruhe. Es war dabei nicht nur um Geld gegangen.

Nun warf schon der Absolutismus seine Schatten als neue Staatsform voraus, wie sie dann im Bild von Herrschern wie Spaniens Philipp II. und Frankreichs Sonnenkönig Ludwig XIV. ihre höchste Ausprägung finden sollte, und König Ferdinand, wie viele Fürsten jener Jahre, gehört bereits zu dessen Vorläufern.

Kann aber – das ist im Zeichen des »Der Staat bin ich«-Prinzips die Frage – ein einfacher Mann, ein schlichter Bürger, selbst wenn er Amerika entdeckt hat, einem Fürsten wie einem gleichberechtigten Geschäftspartner gegenübertreten und mit irgendwelchen schriftlichen Abmachungen herumfuchteln? War nicht Columbus in seinem letzten Brief an das königliche Paar sogar so weit gegangen, das vermeintliche »Indien« als Geschenk Gottes an ihn zu bezeichnen, das er großmütig an die Herrscher sozusagen weiterverschenkt hatte?

Nein, hier geht es um mehr als nur um Recht und berechtigte Ansprüche eines Einzelnen. Hier stehen schon

> Nun wahrlich, da diese Regionen weiter durchforscht sind, und da ein anderer vierter Erdteil von Americus Vesputius entdeckt wurde..., so sehe ich keinen Grund, warum er nicht gerechterweise nach seinem Entdecker Americus, einem Mann von scharfem Verstande, Amerigen, d.h. das Land des Americus oder America genannt werden sollte...
>
> *Martin Waldseemüller in ›Cosmographia Introductio‹, 1507*

39 Die Kathedrale von Santo Domingo. Foto, 1931

das absolutistische Prinzip und seine Gültigkeit zur Debatte.

Endlich, nach Diegos Tod, findet man zum Kompromiss. Columbus' Enkel Luis wird Herzog mit einer überaus üppigen Jahresrente, das muss reichen. In Armut werden danach weder er noch irgendwelche anderen Columbus-Nachfahren enden, bis heute nicht. Das immerhin hat ihr Ahnherr geschafft. Und so ganz ohne ironische Volte geht es auch hierbei nicht ab.

Denn das dem Enkel zugesprochene Herzogtum ist ausgerechnet das mittelamerikanische Vertagua, an dessen Küste der Großvater jenes Belén schuf, letzte seiner Gründungen und glücklos wie La Navidad und Isabella davor, eher eine Stätte seines Elends und nicht seines Triumphs. Der Enkel setzt sich nun deren Herzogskrone auf.

Schicksal und Geschichte haben stets viele Pointen für Columbus bereitgehalten, noch zu seinen Lebzeiten und auch danach noch, bis hin zur Benennung des von ihm entdeckten Kontinents.

Er war zunächst mal glatt übersehen worden, nachdem sich der Elsässer Matthias Ringmann von den Klatschgeschichten des Amerigo Vespucci so begeistert zeigte, dass er den Namen »Amerika«, weiblich wie die aller anderen Kontinente, in die von ihm gemeinsam mit dem Kartographen Martin Waldseemüller geschaffene Weltkarte eintrug. Und dabei sollte es auch bleiben.

Einige Male wurde eine Korrektur versucht, so im frühen 19. Jahrhundert von Südamerikas großem Befreiungskämpfer Simón Bolívar (1783–1830), der wenigstens den südlichen Halbkontinent nach seinem Entdecker benennen wollte, dies aber nur für seinen engeren Machtbereich Kolumbien durchsetzen konnte. Das war nun schon die Zeit, da sich die Neue Welt, Nord wie Süd, von der Alten Welt zu emanzipieren begann, ein Traumland inzwischen, jedoch in ganz anderer Weise als zur Zeit des Columbus.

Amerika, der Norden mehr als der Süden, wurde zum Sehnsuchtsziel aller, denen Europas Grenzen zu eng, dessen Maßstäbe zu muffig geworden waren. Sie alle lockte nun der neue Kontinent, nicht sein Gold, wohl aber das andere, was sich mit ihm verband, die Ahnung von Freiheit, Fortschritt, Chancengleichheit, die Vorstellung schier unbegrenzter Möglichkeiten.

Amerika, du hast es besser!

Zu Weimar seufzte das 1827 der Geheimrat Goethe, und Generationen nickten dazu, Millionen zog es dahin

Den Vereinigten Staaten

Amerika, du hast es besser
Als unser Continent, das alte,
Hast keine verfallene Schlösser
Und keine Basalte.

Dich stört nicht im Innern,
zu lebendiger Zeit,
Unnützes Erinnern
Und vergeblicher Streit.

Johann Wolfgang von Goethe, Zahme Xenien, 1827

auf den Auswandererschiffen des 19. und frühen 20. Jahrhunderts, den amerikanischen Traum im Herzen, aus jedem Tellerwäscher würde dort ein Millionär. Dieser Traum ist inzwischen wohl ausgeträumt. So wie der Traum des Christoph Columbus, Indien entdeckt zu haben.

Er fand nicht Indien und die Menschen in seinem Amerika kein Traumland. Wohl aber wuchs eine Macht heran, die unsere gesamte Welt grundlegend ändern und Europa um seine Führungsrolle bringen sollte. Und mit kleinem Schauder entdeckt man inzwischen dort Verhaltensweisen wie aus kolumbischer Zeit, die Europa selbst, vielleicht etwas weiser geworden, überwunden haben dürfte. So den Kreuzzugsgedanken in profaner Wiederauflage, die Einteilung der Welt in Gut und Böse, wobei man selbst gleichsam automatisch zu den Guten gehört. Man spürt die gleiche Selbstverständlichkeit, mit der die eigenen Maßstäbe verbindlich für den Rest der Welt sein sollen, und wehe, einer erkennt das nicht an …

Siehe Vietnam. Siehe Irak.

Die Alte Welt wurde durch die Entdeckung der Neuen Welt letztlich nicht größer und reicher, wie man noch lange nach Columbus hoffte. Vielmehr hat ihr längst die Neue Welt den Rang abgelaufen, politisch, ökonomisch, kulturell. Die Entdeckung stellt sich gegen ihre Entdecker. Und das Schicksal des Columbus wird so auch zum Lehrstück.

Es lehrt, wie viel der Mensch zum einen vermag und wohin ihn sein Forschergeist führen kann – und wir erkennen zugleich, wie sehr den Menschen die eigenen Möglichkeiten überfordern können.

Wir sehen Columbus am Strand von San Salvador. Siegestrunken, triumphierend. Wir finden ihn am Strand von Jamaika wieder. Verzweifelt, ausgelaugt. Er hat den Fortschritt vorangetrieben wie kaum ein anderer und ist dessen Folgen nicht gewachsen, wie so viele.

Sind wir es heute, da die Welt immer kleiner wird und ihre Probleme immer größer? Stehen wir nicht ähnlich hilflos davor wie einst der Mann aus Genua? Fliegen wir

40 Das Columbus-Denkmal am Columbus Circle in New York. Foto, 2002

nicht zu den Sternen, ohne recht zu wissen, was wir dort eigentlich wollen? Macht Wissenschaft die Menschen nicht immer älter, gesünder – und können wir mit der immer längeren Lebenszeit viel Sinnvolles anfangen?

Der von den eigenen Entdeckungen und ihren Folgen überforderte Mensch. Auch dafür steht Columbus. Und so beginnt mit ihm – in ihrer neuen Freiheit des Einzelnen und seiner Möglichkeiten – vielleicht wirklich die Neuzeit. Mehr noch als mit Luthers Thesenanschlag, Gutenbergs Buchdruck und Fuggers Doppelter Buchführung.

Zeittafel

1451 Christoph Kolumbus wird geboren (wahrscheinlich in Genua)

1465–1476 Erste Seefahrten im Ligurischen Meer als Seemann und/oder Handelsreisender

1476 Columbus lässt sich in Lissabon nieder. Weitere Seereisen, u. a. nach Flandern, England, Irland und (?) Island

1479 Heirat mit Felipa Perestrello e Moniz, zwei Jahre Aufenthalt auf der Insel Porto Santo: Dort der »Große Plan« einer Reise nach Indien. Sohn Diego wird geboren.

Um 1483 Korrespondenz mit dem Kosmografen Paolo dal Pozzo Toscanelli nach Kenntnisnahme des »Toscanelli-Briefes«, der eine Weltumsegelung in westlicher Richtung für möglich hält.

1484 König João II. von Portugal lehnt das Westfahrt-Projekt ab. Filipa stirbt. Columbus geht mit Diego nach Spanien.

1484–1492 Versuche, die »Salamanca-Kommission« der spanischen Krone vom »Großen Plan« zu überzeugen

ab 1488 Verhältnis mit Beatriz Enriquez. Geburt des Sohnes Fernando

1492 Eroberung Granadas. Zustimmung des Königspaares zu Columbus' Plan. Vertreibung der spanischen Juden.
Die erste Reise:
3. August 1492 bis 15. März 1493.
Entdeckung der Insel San Salvador
Entdeckung von Kuba und Haiti (Hispaniola)
Gründung von La Navidad auf Hispaniola

1493–1496 Rückkehr nach Spanien. Triumphaler Empfang.
Die zweite Reise:
25. September 1493 bis 11. Juni 1496.
Entdeckung der Kleinen Antillen, von Puerto Rico und Jamaika
Herrschaft als Vizekönig in Isabella

1496 Rückkehr nach Spanien. Empfang am Königshof in Burgos.

1497–1500 Vorbereitung der nächsten Reise Die dritte Reise: 30. Mai 1498 bis 25. November 1500. Columbus berührt das südamerikanische Festland, kehrt danach nach Hispaniola in die Neue Residenz Santo Domingo zurück. Vergeblicher Versuch, seine Herrschaft in Hispaniola zu festigen. Verhaftung und Rückkehr nach Spanien in Ketten. Rehabilitierung durch die Krone. Vorbereitung der »Hohen Reise«, seiner letzten Fahrt.

1502–1504 Die vierte Reise: 11. Mai 1502 bis 7. November 1504. Erforschung der mittelamerikanischen Küste, Suche nach einer Durchfahrt ins »Indische Meer«. 14. Juni 1503: Schiffbruch vor Jamaika. Rückkehr über Hispaniola nach Spanien. Am 21. November 1504 stirbt seine Gönnerin Isabella von Kastilien.

1504–1506 Vergebliche Versuche, am Hof seine Rechte durchzusetzen.

1506 Columbus stirbt am 20. Mai in Valladolid.

Literatur

Urs Bitterli, Die Entdeckung Amerikas. Von Kolumbus bis Alexander von Humboldt, München 1991

Hans Breuer, Kolumbus war Chinese. Erfindungen und Entdeckungen im Fernen Osten, Frankfurt am Main 1970

Klaus Brinkbäumer/Clemens Höges, Die letzte Reise. Der Fall Columbus, München/Hamburg 2004

John Stewart Collis, Christoph Kolumbus. Aufbruch zu neuen Zeiten und Welten, München 1991

Gustav Faber, Auf den Spuren von Christoph Kolumbus, München 1992

Gianni Granzotto, Christoph Kolumbus. Eine Biographie, Stuttgart 1985

Robert Grün (Hg.), Das Bordbuch. Leben und Fahrten des Entdeckers der Neuen Welt in Dokumenten und Aufzeichnungen 1492, Stuttgart 1979

Dietmar Henze, Enzyklopädie der Entdecker und Erforscher der Erde, 5 Bde., Graz 2004

Titus Heydenreich (Hg.), Columbus zwischen zwei Welten. Historische und literarische Wertungen aus fünf Jahrhunderten, Band I und II, Frankfurt am Main 1992

Washington Irving, Leben und Reisen des Christoph Columbus, Rostock 1986

Ernst Gerhard Jacob (Hg.), Christoph Columbus. Bordbuch, Briefe, Berichte, Dokumente, Bremen 1956

Christoph Kolumbus, Schiffstagebuch, Leipzig 2001

Bartolomé de Las Casas, Kurzgefasster Bericht von der Verwüstung der Westindischen Länder (hg. von Hans Magnus Enzensberger), Frankfurt am Main 1976

Hans Lemke, Die Reisen des Venezianers Marco Polo im 13. Jahrhundert, Hamburg 1908

Salvador de Madariaga, Kolumbus. Leben, Taten und Zeit des

Mannes, der mit seiner Entdeckung die Welt veränderte, Bern 1966
Deborah Manley (Hg.), Die Welt des Christoph Columbus (Das Guinness Buch der Rekorde 1492), Berlin 1992
Samuel E. Morison, Admiral des Weltmeeres, Bremen-Horn 1948
Jost Perfahl (Hg.), Der Traum vom unentdeckten Land. Aus dem Bordbuch des Christoph Kolumbus, München 1992
Oscar Peschel, Geschichte des Zeitalters der Entdeckungen (1858), Leipzig 1930
Heinrich Pleticha, Kolumbus. Person – Zeit – Nachwelt. Gütersloh 1977
Gerhard Prause, Niemand hat Columbus ausgelacht. Fälschungen und Legenden der Geschichte richtig gestellt, Düsseldorf 1966
Armin Reese (Hg.), Columbus: Tradition und Neuerung, Idstein 1992
Kirkpatrick Sale, Das verlorene Paradies. Christoph Kolumbus und die Folgen, München 1991
Hermann Schreiber, Columbus und die Folgen, in: Danach war Europa anders, hg. von Paul Barz, Braunschweig 1981
Andreas Venzke, Der »Entdecker Amerikas«. Aufstieg und Fall des Christoph Kolumbus, Zürich 1992
Charles Verlinden, Kolumbus. Vision und Ausdauer, Göttingen 1962
Gerhard Wawor/Titus Heydenreich (Hg.), Columbus 1892/1992. Heldenverehrung und Heldendemontage, Frankfurt am Main 1995
Simon Wiesenthal, Segel der Hoffnung. Die geheime Mission des Christoph Columbus, Olten 1972

Bildnachweis

Akg-images, Berlin 1, 2, 3, 4, 5, 6, 8, 9, 10, 11, 12, 14, 15, 16, 17, 18, 19, 21, 26, 27, 30, 33, 35, 36, 37 / Deutscher Taschenbuch Verlag, München (Karte von Harald und Ruth Bukor) 32 / ullstein bild, Berlin 7, 13, 20, 22, 23, 24, 25, 28, 29, 31, 34, 38, 39, 40

Register

dtv portrait

Herausgegeben von Martin Sulzer-Reichel
Originalausgaben

Biografien bedeutender Frauen und Männer aus
Geschichte, Literatur, Philosophie, Kunst und Musik

Rafik Schami
Von Bettina Wild
ISBN 3-423-**31084**-7

Friedrich Schiller
Von Kurt Wölfel
ISBN 3-423-**31016**-2

Arnold Schönberg
Von Matthias Henke
ISBN 3-423-**31046**-4

Franz Schubert
Von Malte Korff
ISBN 3-423-**31069**-3

John Steinbeck
Von Annette Pehnt
ISBN 3-423-**31010**-3

August Strindberg
Von Rüdiger Bernhardt
ISBN 3-423-**31013**-8

George Tabori
Von Anat Feinberg
ISBN 3-423-**31067**-7

Uwe Timm
Von Martin Hielscher
ISBN 3-423-**31081** 2

Guiseppe Verdi
Von Johannes Jansen
ISBN 3-423-**31042**-1

Oscar Wilde
Von Jörg W. Rademacher
ISBN 3-423-**31038**-3

Frank Zappa
Von Carl-Ludwig Reichert
ISBN 3-423-**31039**-1

Bitte besuchen Sie uns im Internet: www.dtv.de

dtv portrait

Herausgegeben von Martin Sulzer-Reichel
Originalausgaben

Biografien bedeutender Frauen und Männer aus Geschichte, Literatur, Philosophie, Kunst und Musik

Stéphane Mallarmé
Von Hans Therre
ISBN 3-423-**31007**-3

Klaus Mann
Von Armin Strohmeyr
ISBN 3-423-**31031**-6

Karl May
Von Klaus Walther
ISBN 3-423-**31056**-1

Maria Theresia
Von Edwin Dillmann
ISBN 3-423-**31028**-6

Jim Morrison
Von Ingeborg Schober
ISBN 3-423-**31049**-9

Wolfgang Amadeus Mozart
Von Dirk Böttger
ISBN 3-423-**31071**-5

Friedrich Nietzsche
Von Frank Lisson
ISBN 3-423-**31077**-4

Nostradamus
Von Frank Rainer Scheck
ISBN 3-423-**31024**-3

Novalis
Von Winfried Freund
ISBN 3-423-**31043**-X

Pablo Picasso
Von Hajo Düchting
ISBN 3-423-**31048**-0

Edgar Allan Poe
Von Frank T. Zumbach
ISBN 3-423-**31017**-0

Karl Popper
Von Martin Morgenstern und Robert Zimmer
ISBN 3-423-**31060**-X

Marcel Proust
Von Fritz R. Glunk
ISBN 3-423-**31064**-2

Marcel Reich-Ranicki
Von Thomas Anz
ISBN 3-423-**31072**-3

Rainer Maria Rilke
Von Stefan Schank
ISBN 3-423-**31005**-7

Jean-Jacques Rousseau
Von Jens-Peter Gaul
ISBN 3-423-**31050**-2

dtv portrait

Herausgegeben von Martin Sulzer-Reichel
Originalausgaben

Biografien bedeutender Frauen und Männer aus Geschichte, Literatur, Philosophie, Kunst und Musik

Die Brüder Grimm
Von Hans-Georg Schede
ISBN 3-423-**31076**-6

Heinrich Heine
Von Jan-Christoph Hauschild und Michael Werner
ISBN 3-423-**31058**-8

Jimi Hendrix
Von Corinne Ullrich
ISBN 3-423-**31037**-5

Hermann Hesse
Von Klaus Walther
ISBN 3-423-**31062**-6

Alfred Hitchcock
Von Enno Patalas
ISBN 3-423-**31020**-0

Hugo von Hofmannsthal
Von Hans-Albrecht Koch
ISBN 3-423-**31018**-9

Victor Hugo
Von Jörg W. Rademacher
ISBN 3-423-**31055**-3

Janis Joplin
Von Ingeborg Schober
ISBN 3-423-**31065**-0

Jesus von Nazaret
Von Dorothee Sölle und Luise Schottroff
ISBN 3-423-**31026**-X

Erich Kästner
Von Isa Schikorsky
ISBN 3-423-**31011**-1

Franz Kafka
Von Detlev Arens
ISBN 3-423-**31047**-2

Immanuel Kant
Von Wolfgang Schlüter
ISBN 3-423-**31014**-6

John F. Kennedy
Von Andreas Etges
ISBN 3-423-**31068**-5

Heinrich von Kleist
Von Peter Staengle
ISBN 3-423-**31009**-X

John Lennon
Von Corinne Ullrich
ISBN 3-423-**31036**-7

Ludwig II.
Von Martha Schad
ISBN 3-423-**31033**-2

dtv portrait

Herausgegeben von Martin Sulzer-Reichel
Originalausgaben

Biografien bedeutender Frauen und Männer aus Geschichte, Literatur, Philosophie, Kunst und Musik

Hedwig Courths-Mahler
Von Andreas Graf
ISBN 3-423-**31035**-9

Dalai Lama
Von Franz Binder
ISBN 3-423-**31080**-4

Dante
Von Fritz Glunk
ISBN 3-423-**31073**-1

Marlene Dietrich
Von Werner Sudendorf
ISBN 3-423-**31053**-7

Fjodor M. Dostojewski
Von Christine Hamel
ISBN 3-423-**31066**-9

Annette von Droste-Hülshoff
Von Winfried Freund
ISBN 3-423-**31002**-2

Alexandre Dumas
Von Günter Berger
ISBN 3-423-**31061**-8

Albert Einstein
Von Thomas Bührke
ISBN 3-423-**31074**-X

Elisabeth von Österreich
Von Martha Schad
ISBN 3-423-**31079**-0

Marieluise Fleißer
Von Carl-Ludwig Reichert
ISBN 3-423-**31054**-5

Theodor Fontane
Von Cord Beintmann
ISBN 3-423-**31003**-0

Sigmund Freud
Von Peter Schneider
ISBN 3-423-**31021**-9

Friedrich II. von Hohenstaufen
Von Ekkehart Rotter
ISBN 3-423-**31078**-2

Max Frisch
Von Lioba Waleczek
ISBN 3-423-**31045**-6

Johann Wolfgang von Goethe
Von Anja Höfer
ISBN 3-423-**31015**-4

Günter Grass
Von Claudia Mayer-Iswandy
ISBN 3-423-**31059**-6

dtv portrait

Herausgegeben von Martin Sulzer-Reichel
Originalausgaben

Biografien bedeutender Frauen und Männer aus Geschichte, Literatur, Philosophie, Kunst und Musik

Hannah Arendt
Von Ingeborg Gleichauf
ISBN 3-423-**31029**-4

Johann Sebastian Bach
Von Malte Korff
ISBN 3-423-**31030**-8

Ingeborg Bachmann
Von Joachim Hoell
ISBN 3-423-**31051**-0

Samuel Beckett
Von Andreas P. Pittler
ISBN 3-423-**31082**-0

Thomas Bernhard
Von Joachim Hoell
ISBN 3-423-**31041**-3

Hildegard von Bingen
Von Michaela Diers
ISBN 3-423-**31008**-1

Otto von Bismarck
Von Theo Schwarzmüller
ISBN 3-423-**31000**-6

Heinrich Böll
Von Viktor Böll und Jochen Schubert
ISBN 3-423-**31063**-4

Die Geschwister Brontë
Von Sally Schreiber
ISBN 3-423-**31012**-X

Giordano Bruno
Von Gerhard Wehr
ISBN 3-423-**31025**-1

Georg Büchner
Von Jürgen Seidel
ISBN 3-423-**31001**-4

Albert Camus
Von Marie-Laure Wieacker-Wolff
ISBN 3-423-**31070**-7

Fidel Castro
Von Albrecht Hagemann
ISBN 3-423-**31057**-X

Anton Čechov
Von Frank Rainer Scheck
ISBN 3-423-**31075**-8

Christoph Columbus
Von Paul Barz
ISBN 3-423-**31083**-9

Joseph Conrad
Von Renate Wiggershaus
ISBN 3-423-**31034**-0

Bitte besuchen Sie uns im Internet: www.dtv.de